V W X Z
G H I J K L
A U S E N
U V W X Y
F G H I J K

Münchhausen

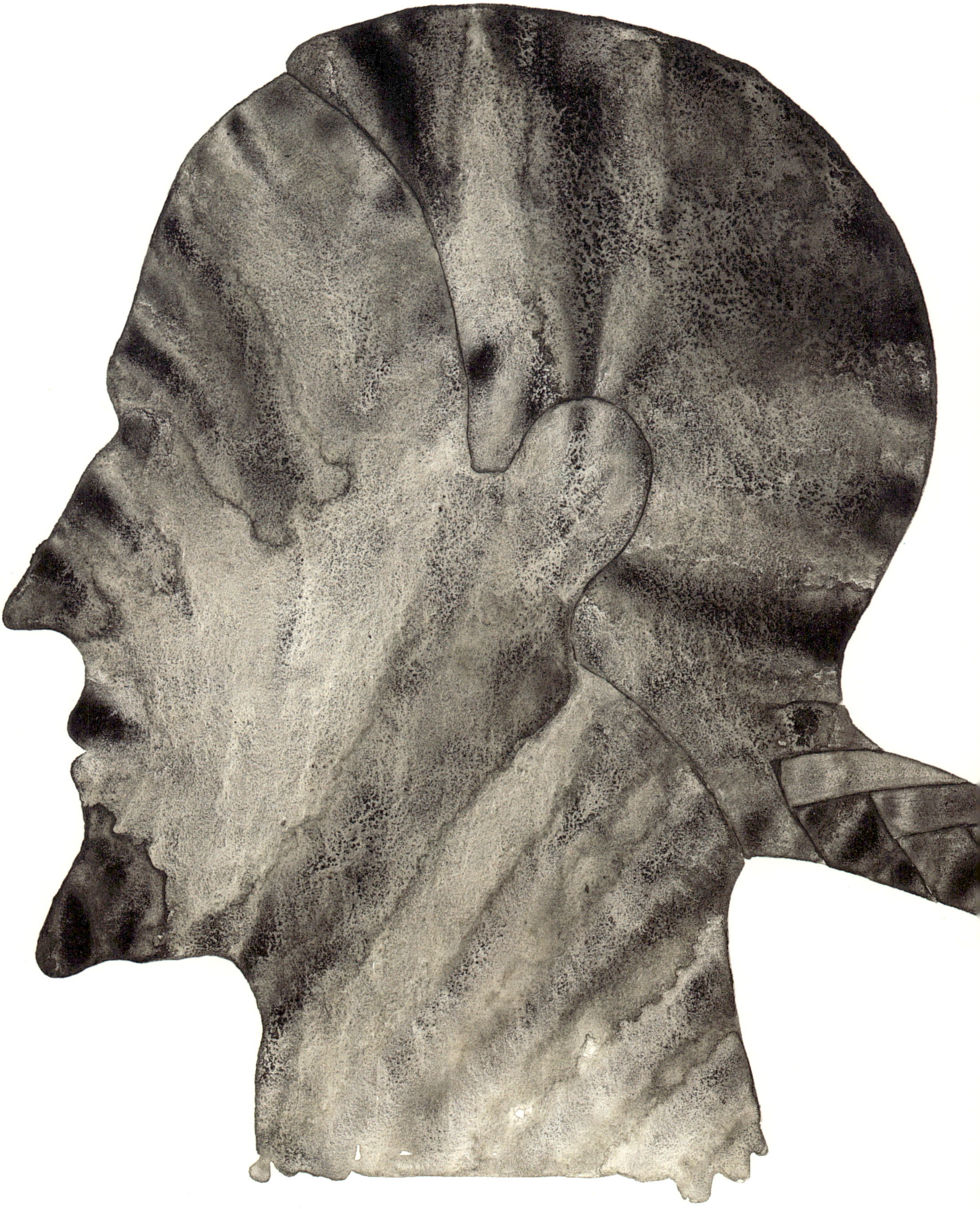

Gottfried August Bürger

Wunderbare Reisen zu Wasser und Lande, Feldzüge und lustige Abenteuer des Freiherrn von Münchhausen, wie er dieselben bei der Flasche im Zirkel seiner Freunde selbst zu erzählen pflegt.

mit Illustrationen von

Bernhard Jäger

Büchergilde Gutenberg

Inhaltsverzeichnis

Glaubt's nur,
ihr gravitätischen Herrn!
Gescheite Leute
narrieren gern.

Vorrede des englischen Herausgebers Der Freiherr von Münchhausen, dem diese Erzählungen größtenteils ihr Dasein zu danken haben, gehört zu einer der ersten adeligen Familien Deutschlands, die mehreren Provinzen dieses Reiches die würdigsten und berühmtesten Männer geschenkt hat. Er ist ein Mann von außerordentlicher Ehre und von der originellsten Laune; und da er vielleicht gefunden hat, wie schwer es oft hält, verschrobenen Köpfen geraden Menschenverstand einzuräsonieren, und wie leicht hergegen ein dreister Haberecht eine ganze Versammlung zu übertäuben und aus ihren fünf Sinnen hinauszuschreien vermag: so läßt er sich in solchen Fällen niemals auf Widerlegungen ein; sondern wendet zuerst geschickt die Unterredung auf gleichgültige Gegenstände, und dann erzählt er irgendein Geschichtchen von seinen Reisen, Feldzügen und schnurrigen Abenteuern in einem ihm ganz eigentümlichen Tone, der aber gerade der rechte ist, die Kunst zu lügen, oder höflicher gesagt, das lange Messer zu handhaben, aus ihrem ruhigen Schlupfwinkel hervorzukitzeln und blankzustellen. **M**an hat vor kurzem einige von seinen Geschichtchen gesammelt, und dem Publikum vorgelegt, um ein Mittel allgemeiner zu machen, dessen sich jeder, der etwa unter berüchtigte Prahlhänse geraten sollte, bei jeder schicklichen

Gelegenheit bedienen kann: eine Gelegenheit, die sich allezeit findet, sooft jemand unter der Maske der Wahrheit in ganzem Ernste falsche Dinge behauptet, und auf Kosten seiner eigenen Ehre auch diejenigen hintergehet, die zum Unglück seine Zuhörer sind.

Der schnelle Abgang der ersten vier Ausgaben dieses Werkchens, das man vielleicht noch schicklicher *Lügenstrafer* betitelt hätte, hat auch hinlänglich bewiesen, daß dem Publikum sein moralischer Endzweck in dem rechten Lichte erschienen ist.

Die gegenwärtige fünfte Ausgabe enthält beträchtliche Vermehrungen, die wir bloß mit dem Wunsche begleiten, daß man sie des Stammes nicht unwürdig finden möge, auf den sie gepfropft sind.

Vorrede zur deutschen Übersetzung

Es ist in der Tat eine etwas sonderbare Erscheinung, die folgenden Erzählungen, die auf deutschem Grund und Boden erzeugt sind, und in mannigfaltiger Gestalt und Tracht ihr Vaterland durchwandert haben, endlich im Auslande gesammelt, und durch den Druck bekanntgemacht zu sehen. Vielleicht war auch hier Deutschland gegen eigene Verdienste ungerecht; vielleicht weiß der Engländer besser, was Laune heißt, wieviel sie wert ist, und wie sehr sie dem Ehre macht, der sie besitzt. – Genug, wir befanden uns, trotz aller Spekulation unserer lauersamen Schriftsteller in dem

Falle, ein eigenes Produkt aus der Fremde einführen zu müssen. **D**iese kleine Sammlung hat übrigens in beiden Ländern ihr Glück gemacht. Während das englische Original fünf Auflagen erlebte, fand man sich veranlaßt auch von der deutschen Übersetzung eine neue Ausgabe zu veranstalten. Man hat bei dieser von den Vermehrungen der neuesten englischen Ausgabe Gebrauch gemacht, ohne sich eben ängstlich an die Worte zu binden, oder Einschaltungen, die sich hin und wieder anboten, bloß deswegen zurückzuweisen, weil sie sich im Grundtexte nicht fanden; kurz, man hat dieses Werkchen bei seiner zweiten deutschen Ausgabe, ebenso wie bei der ersten, nicht sowohl als anvertrauetes Gut, sondern vielmehr als Eigentum behandelt, über das man nach eigenem Gutdünken zu schalten berechtiget ist. **E**s ist wahr, so ein Büchlein wie dieses ist weder ein Systema, noch Tractatus, noch Commentarius, noch Synopsis, noch Compendium, und es hat keine einzige von allen Klassen unserer vornehmen Akademien und Sozietäten der Wissenschaften daran Anteil. Allein dessen ungeachtet kann es in mancher Rücksicht sehr heilsam und dienlich sein. Einen sehr guten Gebrauch, der von diesen Erzählungen zu machen ist, hat der englische Herausgeber als die unverkennbare Absicht ihres ersten Erfinders angegeben. – Ein englischer Rezensent dieses Büchleins hofft sogar, daß es etwas zur Bekehrung gewisser Schreier im Parlamente beitragen werde. Wenn es indessen auch weiter nichts tut, als daß es auf eine unschuldige Art lachen macht, so braucht, deucht mir, der Vorredner eben nicht gerade in pontificalibus in Mantel, Kragen und Stutzperücke aufzutreten, um es dem geneigten Leser ehrbarlich zu empfehlen. Denn es ist alsdann, so klein und frivol es immer scheinen mag, leicht mehr wert, als eine ganze große Menge dickbeleibter ehrenfester Bücher, wobei man weder lachen noch weinen kann, und worin weiter nichts steht, als was in hundertmal mehr andern dickbeleibten ehrenfesten Büchern längst gestanden hat. Auch paßt alsdann nicht übel hierher eine Stelle aus des alten ehrlichen vergessenen *Rollenhagens* Vorrede zu seinem Froschmäuseler, die ein wenig modernisiert also lautet:

Der Graubart, der mit dürren Knochen / Der Lehre nichts kann, als poltern und pochen, / Und hören mag kein lustiges Wort, / Der packe zusammen und trolle sich fort! / Zwar wollen wir's gänzlich nicht verschwören, / Ihn auf ein andres Mal zu hören, / Wenn nämlich uns auch die Nasen blau / Und Haar und Bart sich färben grau; / Auch sonst wohl zu gelegener Stund'. / Denn Wermut ist nicht immer gesund. / Man trinkt ja wohl auch neuen Wein, / Und tunkt in frischen Honig mal ein. / Die Natur erneut ein neuer Genuß. / Stets einerlei macht Überdruß, / Wie alles der alten Meister Trutzen. / Der Wechsel nur schafft Lust und Nutzen. / *Man schilt oft spöttisch Zeitvertreib, / Was stärkt zur Arbeit Seel' und Leib.* / Das nehmen wir nicht zu Herzen und Sinnen, / Und wollen in Gottes Namen beginnen.

Des Freiherrn von Münchhausen eigene Erzählung

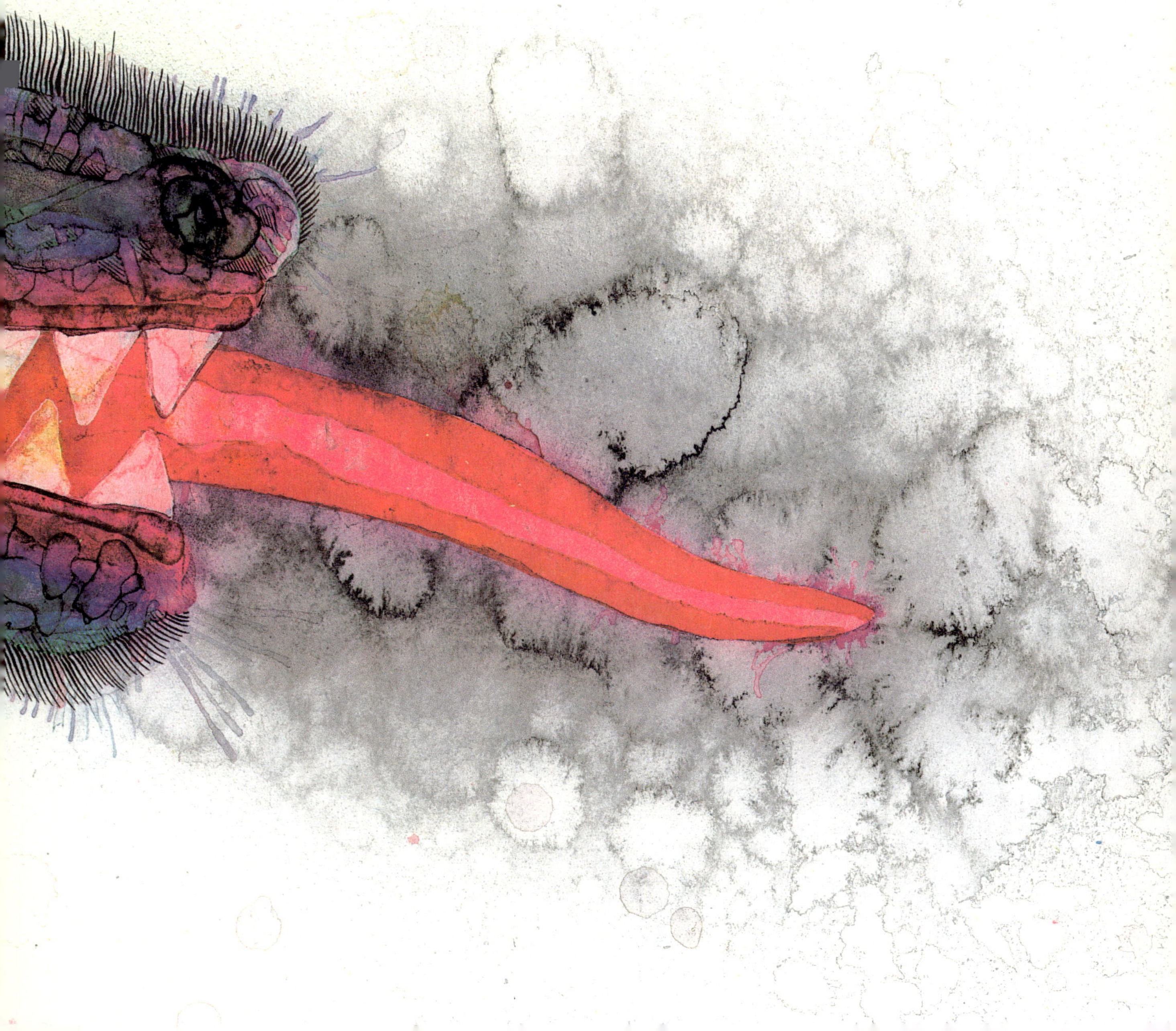

Ich trat meine Reise nach Rußland von Haus ab mitten im Winter an, weil ich ganz richtig schloß, daß Frost und Schnee die Wege durch die nördlichen Gegenden von Deutschland, Polen, Kur- und Livland, welche, nach der Beschreibung aller Reisenden, fast noch elender sind, als die Wege nach dem Tempel der Tugend, endlich, ohne besondere Kosten hochpreislicher wohlfürsorgender Landesregierungen, ausbessern müßte. Ich reisete zu Pferde, welches, wenn es sonst nur gut um Gaul und Reiter steht, die bequemste Art zu reisen ist. Denn man riskiert alsdann weder mit irgendeinem höflichen deutschen Postmeister eine Affaire d'honneur zu bekommen, noch von seinem durstigen Postillion vor jede Schenke geschleppt zu werden. Ich war nur leicht bekleidet, welches ich ziemlich übel empfand, je weiter ich gegen Nordost hin kam. **N**un kann man sich einbilden, wie bei so strengem Wetter, unter dem rauhesten Himmelsstriche, einem armen alten Manne zumute sein mußte, der in Polen auf einem öden Anger, über den der Nordost hinschnitt, hülflos und schaudernd dalag, und kaum hatte, womit er seine Schamblöße bedecken konnte. **D**er arme Teufel dauerte mich von ganzer Seele. Ob mir gleich selbst das Herz im Leibe fror, so warf ich dennoch meinen Reisemantel über ihn her. Plötzlich erscholl eine Stimme vom Himmel, die dieses Liebeswerk ganz ausnehmend herausstrich und mir zurief: »Hol mich der Teufel, mein Sohn, das soll dir nicht unvergolten bleiben!« **I**ch ließ das gut sein und ritt weiter, bis Nacht und Dunkelheit mich überfielen. Nirgends war ein Dorf zu hören, noch zu sehen. Das ganze Land lag unter Schnee; und ich wußte weder Weg noch Steg. **D**es Reitens müde, stieg ich endlich ab, und band mein Pferd an eine Art von spitzem Baumstaken, der über dem Schnee hervorragte. Zur Sicherheit nahm ich meine Pistolen unter den Arm, legte mich nicht weit davon in den Schnee nieder, und tat ein so gesundes Schläfchen, daß mir die Augen nicht eher wieder aufgingen, als bis es heller lichter Tag war. Wie groß war aber mein Erstaunen, als ich fand, daß ich mitten in einem Dorfe auf dem Kirchhofe lag! Mein Pferd war anfänglich nirgends zu sehen; doch hörte ich's bald darauf irgendwo über mir wiehern. Als ich nun emporsah, so wurde ich gewahr, daß es an den Wetterhahn des Kirchturms gebunden war, und von da herunterhing. Nun wußte ich sogleich wie ich dran war. Das Dorf war nämlich die Nacht über ganz zugeschneiet gewesen; das Wetter hatte sich auf einmal umgesetzt; ich war im Schlafe nach und nach, so wie der Schnee zusammengeschmolzen war, ganz sanft herabge-

sunken; und was ich in der Dunkelheit für den Stummel eines Bäumchens, der über dem Schnee hervorragte, gehalten, und daran mein Pferd gebunden hatte, das war das Kreuz oder der Wetterhahn des Kirchturmes gewesen. **O**hne mich nun lange zu bedenken, nahm ich eine von meinen Pistolen, schoß nach dem Halfter, kam glücklich auf die Art wieder an mein Pferd, und verfolgte meine Reise. **H**ierauf ging alles gut, bis ich nach Rußland kam, wo es eben nicht Mode ist, des Winters zu Pferde zu reisen. Wie es nun immer meine Maxime ist, mich nach dem bekannten: *ländlich sittlich,* zu richten, so nahm ich dort einen kleinen Rennschlitten auf ein einzelnes Pferd, und fuhr wohlgemut auf St. Petersburg los. Nun weiß ich nicht mehr recht, ob es in Estland, oder in Ingermanland war, so viel aber besinne ich mich noch wohl, es war mitten in einem fürchterlichen Walde, als ich einen entsetzlichen Wolf, mit aller Schnelligkeit des gefräßigsten Winterhungers, hinter mir ansetzen sah. Er holte mich bald ein; und es war schlechterdings unmöglich, ihm zu entkommen. Mechanisch legte ich mich platt in den Schlitten nieder, und ließ mein Pferd zu unserm beiderseitigen Besten ganz allein agieren. Was ich zwar vermutete, aber kaum zu hoffen und zu erwarten wagte, das geschah gleich nachher. Der Wolf bekümmerte

sich nicht im mindesten um meine Wenigkeit, sondern sprang über mich hinweg, fiel wütend auf das Pferd, riß ab und verschlang auf einmal den ganzen Hinterteil des armen Tieres, welches vor Schrecken und Schmerz nur desto schneller lief. Wie ich nun auf die Art selbst so unbemerkt und gut davongekommen war, so erhob ich ganz verstohlen mein Gesicht und nahm mit Entsetzen wahr, daß der Wolf sich beinahe über und über in das Pferd hineingefressen hatte. Kaum aber hatte er sich so hübsch hineingezwänget, so nahm ich mein Tempo wahr, und fiel ihm tüchtig mit meiner Peitschenschnur auf das Fell. Solch ein unerwarteter Überfall in diesem Futteral verursachte ihm keinen geringen Schreck; er strebte mit aller Macht vorwärts; der Leichnam des Pferdes fiel zu Boden, und siehe! an seiner Statt steckte mein Wolf in dem Geschirre. Ich meines Orts hörte nun noch weniger auf zu peitschen, und wir langten in vollem Galopp gesund und wohlbehalten in St. Petersburg an, ganz gegen unsere beiderseitigen respektive Erwartungen, und zu nicht geringem Erstaunen aller Zuschauer. **I**ch will Ihnen, meine Herren, mit Geschwätz von der Verfassung, den Künsten, Wissenschaften und andern Merkwürdigkeiten dieser prächtigen Hauptstadt Rußlands keine lange Weile machen: viel weniger Sie mit allen Intrigen

und lustigen Abenteuern der Gesellschaften vom Bonton, wo die Frau vom Hause den Gast allezeit mit einem Schnaps und Schmatz empfängt, unterhalten. Ich halte mich vielmehr an größere und edlere Gegenstände Ihrer Aufmerksamkeit, nämlich an Pferde und Hunde, wovon ich immer ein großer Freund gewesen bin; ferner an Füchse, Wölfe und Bären, von welchen, so wie von anderm Wildbret, Rußland einen größern Überfluß, als irgendein Land auf Erden hat; endlich an solche Lustpartien, Ritterübungen und preisliche Taten, welche den Edelmann besser kleiden, als ein bißchen muffiges Griechisch und Latein, oder alle Riechsächelchen, Klunkern und Kapriolen französischer Schöngeister und – Haarkräuseler. **D**a es einige Zeit dauerte, ehe ich bei der Armee angestellt werden konnte, so hatte ich ein paar Monate lang vollkommene Muße und Freiheit, meine Zeit sowohl, als auch mein Geld auf die adeligste Art von der Welt zu verjunkerieren. Manche Nacht wurde beim Spiele zugebracht, und viele bei dem Klange voller Gläser. Die Kälte des Landes und die Sitten der Nation haben der Bouteille unter den gesellschaftlichen Unterhaltungen in Rußland einen viel höhern Rang angewiesen, als in unserm nüchternen Deutschlande; und ich habe daher dort häufig Leute gefunden, die in der edlen

Kunst zu trinken für wahre Virtuosen gelten konnten. Alle waren aber elende Stümper gegen einen graubartigen kupferfarbigen General, der mit uns an dem öffentlichen Tische speisete. Der alte Herr, der seit einem Gefechte mit den Türken die obere Hälfte seines Hirnschädels vermißte, und daher, sooft ein Fremder in die Gesellschaft kam, sich mit der artigsten Treuherzigkeit entschuldigte, daß er an der Tafel seinen Hut aufbehalten müsse, pflegte immer während dem Essen einige Flaschen Weinbranntwein zu leeren, und dann gewöhnlich mit einer Bouteille Arrak den Beschluß, oder nach Umständen einige Male da capo zu machen; und doch konnte man nicht ein einziges Mal auch nur so viel Betrunkenheit an ihm merken. – Die Sache übersteigt Ihren Glauben. Ich verzeihe es Ihnen, meine Herren; sie überstieg auch meinen Begriff. Ich wußte lange nicht, wie ich sie mir erklären sollte, bis ich ganz von ungefähr den Schlüssel fand. – Der General pflegte von Zeit zu Zeit seinen Hut etwas aufzuheben. Dies hatte ich oft gesehen, ohne daraus nur Arg zu haben. Daß es ihm warm vor der Stirne wurde, war natürlich, und daß er dann seinen Kopf lüftete, nicht minder. Endlich aber sah ich, daß er zugleich mit seinem Hute eine an demselben befestigte silberne Platte aufhob, die ihm statt des Hirnschädels diente, und daß

alsdann immer aller Dunst der geistigen Getränke, die er zu sich genommen hatte, in einer leichten Wolke in die Höhe stieg. Nun war auf einmal das Rätsel gelöset. Ich sagte es ein paar guten Freunden, und erbot mich, da es gerade Abend war, als ich die Bemerkung machte, die Richtigkeit derselben sogleich durch einen Versuch zu beweisen. Ich trat nämlich mit meiner Pfeife hinter den General, und zündete, gerade

als er den Hut niedersetzte, mit etwas Papier die aufsteigenden Dünste an; und nun sahen wir ein ebenso neues als schönes Schauspiel. Ich hatte in einem Augenblicke die Wolkensäule über dem Haupte unsers Helden in eine Feuersäule verwandelt, und derjenige Teil der Dünste, der sich noch zwischen den Haaren des Hutes verweilte, bildete in dem schönsten blauen Feuer einen Nimbus, prächtiger als irgendeiner den Kopf des größten Heiligen umleuchtet hat. Mein Experiment konnte dem General nicht verborgen bleiben; er war aber so wenig ungehalten darüber, daß er uns vielmehr noch manchmal erlaubte einen Versuch zu wiederholen, der ihm ein so erhabenes Ansehen gab. **I**ch übergehe manche lustige Auftritte, die wir bei dergleichen Gelegenheit hatten, weil ich Ihnen noch verschiedene Jagdgeschichten zu erzählen gedenke, die mir merkwürdiger und unterhaltender scheinen. Sie können sich leicht vorstellen, meine Herren, daß ich mich immer vorzüglich zu solchen wackern Kumpanen hielt, welche ein offenes unbeschränktes Waldrevier gehörig zu schätzen wußten. Sowohl die Abwechselung des Zeitvertreibes, welchen dieses mir darbot, als auch das außerordentliche Glück, womit mir jeder Streich gelang, gereichen mir noch immer zur angenehmsten Erinnerung. **E**ines Morgens sah ich durch das Fenster

meines Schlafgemachs, daß ein großer Teich, der nicht weit davon lag, mit wilden Enten gleichsam überdeckt war. Flugs nahm ich mein Gewehr aus dem Winkel, sprang zur Treppe hinab, und das so über Hals und Kopf, daß ich unvorsichtigerweise mit dem Gesichte gegen die Türpfoste rannte. Feuer und Funken stoben mir aus den Augen; aber das hielt mich keinen Augenblick zurück. Ich kam bald zum Schuß; allein wie ich anlegte, wurde ich zu meinem großen Verdrusse gewahr, daß durch den soeben empfangenen heftigen Stoß sogar der Stein von dem Flintenhahne abgesprungen war. Was sollte ich nun tun? Denn Zeit war hier nicht zu verlieren.
Glücklicherweise fiel mir ein, was sich soeben mit meinen Augen zugetragen hatte. Ich riß also die Pfanne auf, legte mein Gewehr gegen das wilde Geflügel an, und ballte die Faust gegen eins von meinen Augen. Von einem derben Schlage flogen wieder Funken genug heraus, der Schuß ging los, und ich traf fünf Paar Enten, vier Rothälse, und ein Paar Wasserhühner. Gegenwart des Geistes ist die Seele mannhafter Taten. Wenn Soldaten und Seeleute öfters dadurch glücklich davonkommen, so dankt der Weidmann ihr nicht seltener sein gutes Glück. **S**o schwammen einst auf einem Landsee, an welchen ich auf einer Jagdstreiferei geriet, einige Dutzend

wilder Enten allzu weit voneinander zerstreut umher, als daß ich mehr denn eine einzige auf einen Schuß zu erlegen hoffen konnte; und zum Unglück hatte ich meinen letzten Schuß schon in der Flinte. Gleichwohl hätte ich sie gern alle gehabt, weil ich nächstens eine ganze Menge guter Freunde und Bekannten bei mir zu bewirten willens war. Da besann ich mich auf ein Stückchen Schinkenspeck, welches von meinem mitgenommenen Mundvorrat in meiner Jagdtasche noch übriggeblieben war. Dies befestigte ich an einer ziemlich langen Hundelinie, die ich aufdrehete, und so wenigstens noch um viermal verlängerte. Nun verbarg ich mich im Schilfgesträuch am Ufer, warf meinen Speckbrocken aus und hatte das Vergnügen zu sehen, wie die nächste Ente hurtig herbeischwamm und ihn verschlang. Der ersten folgten bald alle übrigen nach, und da der glatte Brocken am Faden gar bald unverdauet hinten wieder herauskam, so verschlang ihn die nächste, und so immer weiter.

Kurz, der  Brocken  machte die Reise durch alle Enten samt und sonders hindurch,  ohne von  seinem Faden loszureißen. 

So saßen sie denn alle daran, wie Perlen an der Schnur. Ich zog sie gar allerliebst ans Land, schlang mir die Schnur ein halbes dutzendmal um Schultern und Leib, und ging meines Weges nach Hause zu. Da ich noch eine ziemliche Strecke davon entfernt war, und mir die Last von einer solchen Menge Enten ziemlich beschwerlich fiel, so wollte es mir fast leid tun, ihrer allzu viele eingefangen zu haben. Da kam mir aber ein seltsamer Vorfall zustatten, der mich anfangs in nicht geringe Verlegenheit setzte. Die Enten waren nämlich noch alle lebendig, fingen, als sie von der ersten Bestürzung sich erholt hatten, gar mächtig an mit den Flügeln zu schlagen, und sich mit mir hoch in die Luft zu erheben. Nun wäre bei manchem wohl guter Rat teuer gewesen. Allein ich benutzte diesen Umstand, so gut ich konnte, zu meinem Vorteil, und ruderte mich mit meinen Rockschößen nach der Gegend meiner Behausung durch die Luft. Als ich nun gerade über meiner Wohnung angelangt war, und es darauf ankam, ohne Schaden mich herunterzulassen, so drückte ich einer Ente nach der andern den Kopf ein, sank dadurch ganz sanft und allmählich gerade durch den Schornstein meines Hauses mitten auf den Küchenherd, auf welchem zum Glück noch kein Feuer angezündet war, zu nicht geringem Schreck und Erstaunen meines Koches. **E**inen ähnlichen Vorfall hatte ich einmal mit einer Kette Hühner. Ich war ausgegangen, um eine neue Flinte zu probieren, und hatte meinen kleinen Vorrat von Hagel ganz und gar verschossen, als wider alles Vermuten vor meinen Füßen eine Flucht Hühner aufging. Der Wunsch einige derselben abends auf meinem Tische zu sehen brachte mich auf einen Einfall, von dem Sie, meine Herren, auf mein Wort, im Falle der Not Gebrauch machen können. Sobald ich gesehen hatte, wo sich die Hühner niederließen, lud ich hurtig mein Gewehr, und setzte statt des Schrotes den Ladstock auf, den ich, so gut sich's in der Eile tun ließ, an dem obern Ende etwas zuspitzte. Nun ging ich auf die Hühner zu, drückte, sowie sie aufflogen, ab, und hatte das Vergnügen zu sehen, daß mein Ladstock mit sieben Stücken, die sich wohl wundern mochten, so früh am Spieße vereinigt zu werden, in einiger Entfernung allmählich heruntersank. – Wie gesagt, man muß sich nur in der Welt zu helfen wissen.

Ein anderes Mal stieß mir in einem ansehnlichen Walde von Rußland ein wunderschöner schwarzer Fuchs auf. Es wäre jammerschade gewesen, seinen kostbaren Pelz mit einem Kugel- oder Schrotschusse zu durchlöchern. Herr Reineke stand dicht bei einem Baume. Augenblicklich zog ich meine Kugel aus dem Laufe, lud dafür einen tüchtigen Brettnagel in mein Gewehr, feuerte, und traf so künstlich, daß ich seine Lunte fest an den Baum nagelte. Nun ging ich ruhig zu ihm hin, nahm mein Weidmesser, gab ihm einen Kreuzschnitt übers Gesicht, griff nach meiner Peitsche und karbatschte ihn so artig aus seinem schönen Pelze heraus, daß es eine wahre Lust und ein rechtes Wunder zu sehen war. **Z**ufall und gutes Glück machen oft manchen Fehler wieder gut. Davon erlebte ich bald nach diesem ein Beispiel, als ich mitten im tiefsten Walde einen wilden Frischling und eine Bache dicht hintereinander hertraben sah. Meine Kugel hatte gefehlt. Gleichwohl lief der Frischling vorn ganz allein weg, und die Bache blieb stehen, ohne Bewegung, als ob sie an den Boden festgenagelt gewesen wäre. Wie ich das Ding näher untersuchte, so fand ich, daß es eine blinde Bache war, die ihres Frischlings Schwänzlein im Rachen hielt, um von ihm aus kindlicher Pflicht fürbaß geleitet zu werden. Da nun meine Kugel zwischen beiden hindurchgefahren war, so hatte sie diesen Leitzaum zerrissen, wovon die alte Bache das eine Ende noch immer kauete. Da nun ihr Leiter sie nicht weiter vorwärtsgezogen hatte, so war sie stehengeblieben. Ich ergriff daher das übriggebliebene Endchen von des Frischlings Schwanze, und leitete daran das alte hülflose Tier ganz ohne

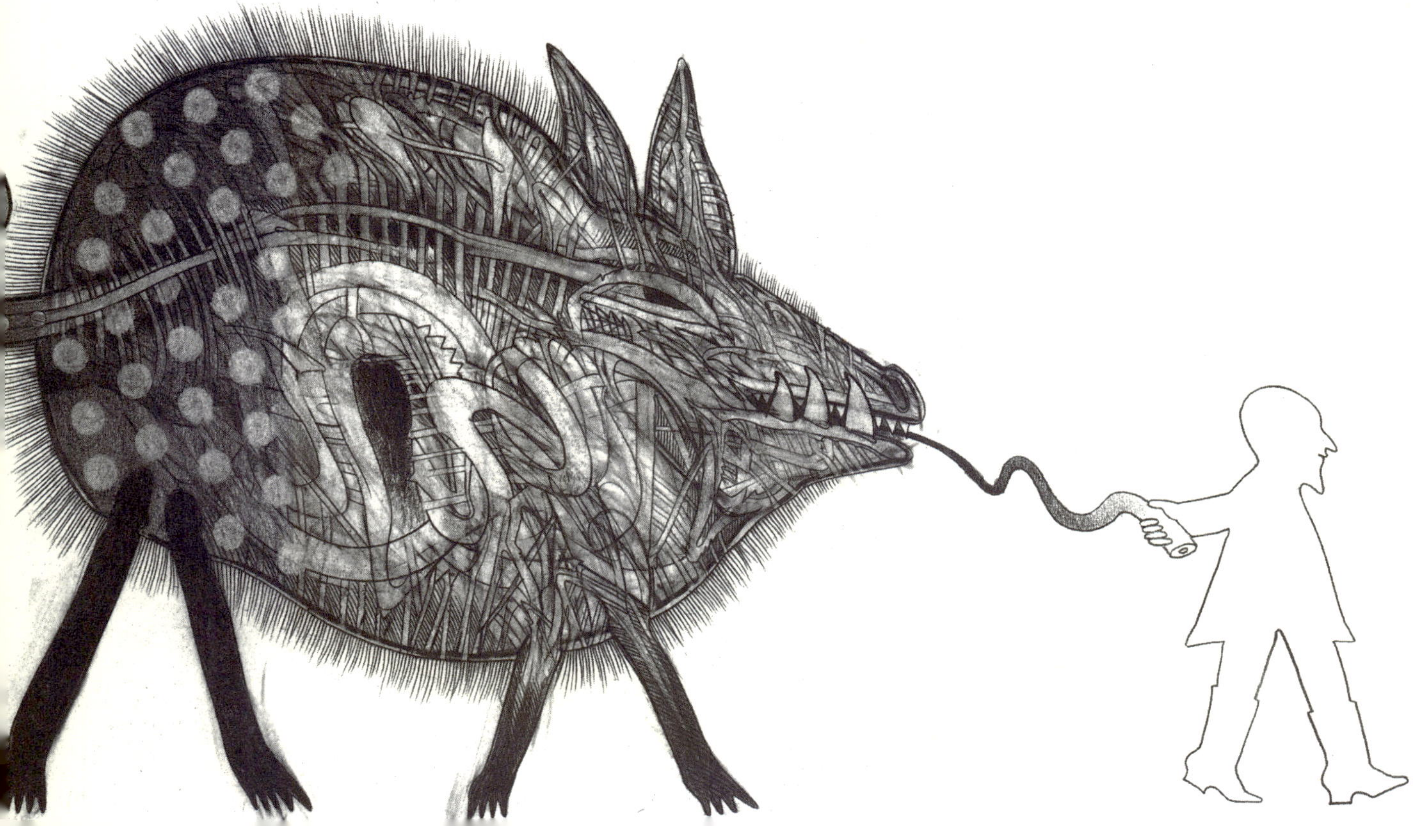

Mühe und Widerstand nach Hause.

So fürchterlich diese wilden Bachen oft sind, so sind die Keiler doch weit grausamer und gefährlicher. Ich traf einst einen im Walde an, als ich unglücklicherweise weder auf Angriff noch Verteidigung gefaßt war. Mit genauer Not konnte ich noch hinter einen Baum schlüpfen, als die wütende Bestie aus Leibeskräften einen Seitenhieb nach mir tat. Dafür fuhren aber auch seine Hauer dergestalt in den Baum hinein, daß er weder imstande war, sie sogleich wieder herauszuziehen, noch den Hieb zu wiederholen. – ›Ha ha!‹ dachte ich, ›nun wollen wir dich bald kriegen!‹ – Flugs nahm ich einen Stein, hämmerte noch vollends damit drauflos, und nietete seine Hauer dergestalt um, daß er ganz und gar nicht wieder loskommen konnte. So mußte er sich denn nun gedulden, bis ich vom nächsten Dorfe Karren und Stricke herbeigeholet hatte, um ihn lebendig und wohlbehalten nach Hause zu schaffen, welches auch ganz vortrefflich vonstatten ging.

Sie haben unstreitig, meine Herren, von dem Heiligen und Schutzpatron der Weidmänner und Schützen, St. Hubert, nicht minder auch von dem stattlichen Hirsche gehört, der ihm einst im Walde aufstieß, und welcher das heilige Kreuz zwischen seinem Geweihe trug. Diesem Sankt habe ich noch alle Jahre mein Opfer in guter Gesellschaft

dargebracht, und den Hirsch wohl tausendmal, sowohl in Kirchen abgemalt, als auch in die Sterne seiner Ritter gestickt gesehen, so daß ich auf Ehre und Gewissen eines braven Weidmanns kaum zu sagen weiß, ob es entweder nicht vorzeiten solche Kreuzhirsche gegeben habe, oder wohl gar noch heutiges Tages gebe. Doch lassen Sie sich vielmehr erzählen, was ich mit meinen eigenen Augen sah. Einst, als ich alle mein Blei verschossen hatte, stieß mir ganz wider mein Vermuten, der stattlichste Hirsch von der Welt auf. Er blickte mir so, mir nichts, dir nichts, ins Auge, als ob er's auswendig gewußt hätte, daß mein Beutel leer war. Augenblicklich lud ich indessen
meine Flinte mit Pulver und darüber her eine ganze Handvoll Kirschsteine, wovon ich, so hurtig sich das tun ließ, das Fleisch abgesogen hatte. Und so gab ich ihm die volle Ladung mitten auf seine Stirn zwischen das Geweihe. Der Schuß betäubte ihn zwar – er taumelte – machte sich aber doch aus dem Staube. Ein oder zwei Jahre darnach war ich in ebendemselben Walde auf der Jagd; und siehe! zum Vorschein kam ein stattlicher Hirsch, mit einem vollausgewachsenen Kirschbaume, mehr denn zehn Fuß hoch, zwischen seinem Geweihe. Mir fiel gleich mein voriges Abenteuer wieder ein; ich betrachtete den Hirsch als mein längst wohlerworbenes Eigentum,

und legte ihn mit einem Schusse zu Boden, wodurch ich denn auf einmal an Braten und Kirschtunke zugleich geriet. Denn der Baum hing reichlich voll Früchte, die ich in meinem ganzen Leben so delikat nicht gegessen hatte. Wer kann nun wohl sagen, ob nicht irgendein passionierter heiliger Weidmann, ein jagdlustiger Abt oder Bischof, das Kreuz auf eine ähnliche Art durch einen Schuß auf St. Huberts Hirsch zwischen das Gehörne gepflanzt habe? Denn diese Herren waren ja von je und je wegen ihres Kreuz- und – Hörnerpflanzens berühmt, und sind es zum Teil noch bis

auf den heutigen Tag. Im Falle der Not, und wenn es *Aut* oder *Naut** gilt, welches einem braven Weidmanne nicht selten begegnet, greift er lieber wer weiß wozu, und versucht eher alles, als daß er sich die günstige Gelegenheit entwischen läßt. Ich habe mich manches liebes Mal selbst in einer solchen Lage der Versuchung befunden.

Was sagen Sie zum Exempel vom folgenden Kasus? – Mir waren einmal Tageslicht und Pulver in einem polnischen Walde ausgegangen. Als ich nach Hause ging, fuhr mir ein ganz entsetzlicher Bär, mit offenem Rachen, bereit mich zu verschlingen, auf den Leib. Umsonst durchsuchte ich in der Hast alle meine Taschen nach Pulver und Blei. Nichts fand ich, als zwei Flintensteine, die man auf einen Notfall wohl

*** Ought or nought. – Eine wenigstens in Niederdeutschland in dieser Aussprache sehr populär gewordene Redensart.**

mitzunehmen pflegt. Davon warf ich einen aus aller Macht in den offenen Rachen des Ungeheuers, ganz seinen Schlund hinab. Wie ihm das nun nicht allzuwohl deuch-n mochte, so machte mein Bär linksum, so daß ich den andern nach der Hinter-pforte schleudern konnte. Wunderbar und herrlich ging alles vonstatten. Der Stein fuhr nicht nur hinein, sondern auch mit dem andern Steine dergestalt zusammen, daß s Feuer gab, und den Bär mit einem gewaltigen Knalle auseinandersprengte. Man sagt, daß so ein wohlapplizierter Stein a posteriori, besonders wenn er mit einem a

priori recht zusammenfuhr, schon manchen bärbeißigen Gelehrten und Philosophen in die Luft sprengte. – Ob ich nun gleich dasmal mit heiler Haut davonkam, so öchte ich das Stückchen doch eben nicht noch einmal machen, oder mit einem Bär, ohne andere Verteidigungsmittel, anbinden. **E**s war aber gewissermaßen recht mein Schicksal, daß die wildesten und gefährlichsten Bestien mich gerade alsdann angriffen, wenn ich außerstande war, ihnen die Spitze zu bieten, gleichsam als ob ihnen der Instinkt meine Wehrlosigkeit verraten hätte. So hatte ich einst gerade den Stein von meiner Flinte abgeschraubt, um ihn etwas zu schärfen, als plötzlich ein schreckliches Ungeheuer von einem Bären gegen mich anbrummte. Alles was ich tun konnte, war, mich eiligst auf einen Baum zu flüchten, um dort mich zur Verteidigung zu rüsten. Unglücklicherweise aber fiel mir während des Hinaufkletterns mein Messer, das ich eben gebraucht hatte, herunter, und nun hatte ich nichts, um die Schraube, die sich ohnedies sehr schwer drehen ließ, zu schließen. Unten am Baume stand der Bär, und mit jedem Augenblicke mußte ich erwarten, daß er mir nachkommen würde. Mir Feuer aus den Augen zu schlagen, wie ich wohl ehemals getan hatte, wollte ich nicht gerne versuchen, weil mir, anderer Umstände, die im Wege standen, nicht zu gedenken, jenes Experiment heftige Augenschmerzen zugezogen hatte, die noch nicht ganz vergangen waren. Sehnlich blickte ich nach meinem Messer, das unten senkrecht im Schnee steckte; aber die sehnsuchtsvollsten Blicke machten die

Sache nicht um ein Härchen besser. Endlich kam ich auf einen Gedanken, der so sonderbar als glücklich war. Ich gab dem Strahle desjenigen Wassers, von dem man bei großer Angst immer großen Vorrat hat, eine solche Richtung, daß er gerade auf das Heft meines Messers traf. Die fürchterliche Kälte, die eben war, machte, daß das Wasser sogleich gefror, und in wenigen Augenblicken sich über meinem Messer eine Verlängerung von Eis bildete, die bis an die untersten Äste des Baumes reichte. Nun packte ich den aufgeschossenen Stiel und zog ohne viele Mühe, aber mit desto mehr Behutsamkeit mein Messer zu mir herauf. Kaum hatte ich damit den Stein festgeschraubt, als Herr Petz angestiegen kam. ›Wahrhaftig‹, dachte ich, ›man muß so weise als ein Bär sein, um den Zeitpunkt so gut abzupassen‹, und empfing Meister Braun mit einer so herzlich gemeinten Bescherung von Rollern, daß er auf ewig das Baumsteigen vergaß. **E**benso schoß mir ein anderes Mal unversehens ein fürchterlicher Wolf so nahe auf den Leib, daß mir nichts weiter übrigblieb, als ihm, dem mechanischen Instinkt zufolge, meine Faust in den offenen Rachen zu stoßen. Gerade meiner Sicherheit wegen stieß ich immer weiter und weiter, und brachte meinen Arm beinahe bis an die Schulter hinein. Was war aber nun zu tun? – Ich kann

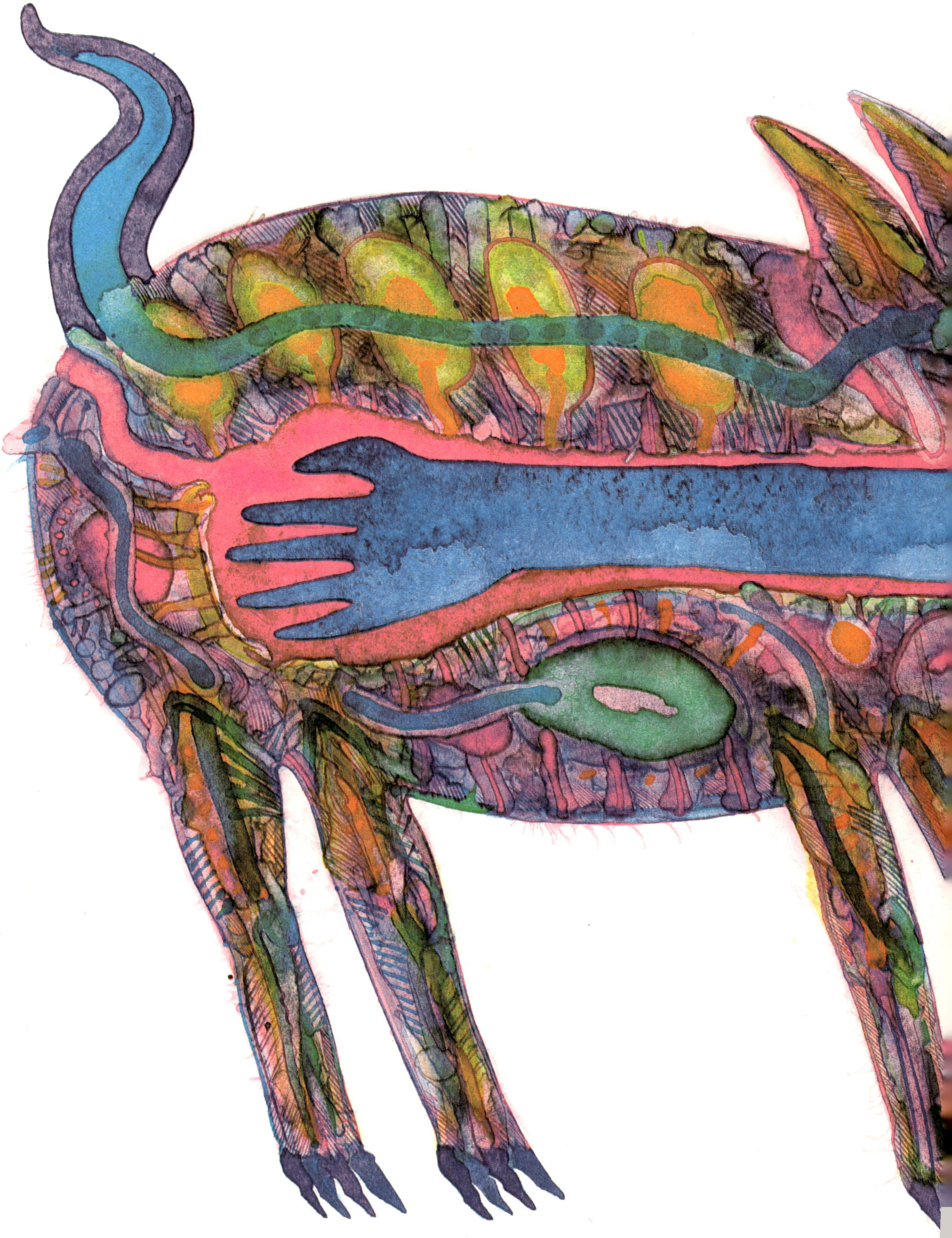

eben nicht sagen, daß mir diese unbehülfliche Situation sonderlich anstand. – Man denke nur, Stirn gegen Stirn mit einem Wolfe! – Wir äugelten uns eben nicht gar lieblich an. Hätte ich meinen Arm zurückgezogen, so wäre mir die Bestie nur desto wütender zu Leibe gesprungen. Soviel ließ sich klar und deutlich aus seinen flammenden Augen herausbuchstabieren. Kurz, ich packte ihn beim Eingeweide, kehrte sein Äußeres zuinnerst, wie einen Handschuh, um, schleuderte ihn zu Boden, und ließ ihn da liegen.

Dies Stückchen hätte ich nun wieder nicht an einem tollen Hunde versuchen mögen, welcher bald darauf in einem engen Gäßchen zu St. Petersburg gegen mich anlief. ›Lauf was du kannst!‹ dachte ich. Um desto besser fortzukommen, warf ich meinen Überrock ab, und rettete mich geschwind ins Haus. Den Rock ließ ich hernach durch meinen Bedienten hereinholen, und zu den andern Kleidern in die Garderobe hängen. Tages darauf geriet ich in ein gewaltiges Schrecken durch meines Johanns Geschrei: »Herr Gott, Herr Baron, Ihr Überrock ist toll!« Ich sprang hurtig zu ihm hinauf, und fand alle meine Kleider umhergezerret und zu Stücken zerrissen. Der Kerl hatte es auf ein Haar getroffen, daß der Überrock toll sei. Ich kam gerade noch selbst dazu, wie er über ein schönes neues Galakleid herfiel, und es auf

eine gar unbarmherzige Weise zerschüttelte und umherzauste. In allen diesen Fällen, meine Herren, wo ich freilich immer glücklich, aber doch nur immer mit genauer Not davonkam, half mir das Ohngefähr, welches ich durch Tapferkeit und Gegenwart des Geistes zu meinem Vorteile lenkte. Alles zusammengenommen macht, wie jedermann weiß, den glücklichen Jäger, Seemann und Soldaten aus. Der aber würde ein sehr unvorsichtiger, tadelnswerter Weidmann, Admiral und General sein, der sich überall nur auf das Ohngefähr, oder sein Gestirn verlassen wollte, ohne sich weder

um die besonders erforderlichen Kunstfertigkeiten zu bekümmern, noch sich mit denjenigen Werkzeugen zu versehen, die den guten Erfolg sichern. Ein solcher Tadel trifft mich keinesweges. Denn ich bin immer berühmt gewesen, sowohl wegen der Vortrefflichkeit meiner Pferde, Hunde und Gewehre, als auch wegen der besonderen Art, das alles zu handhaben, so daß ich mich wohl rühmen kann, in Forst, Wiese und Feld meines Namens Gedächtnis hinlänglich gestiftet zu haben. Ich will mich nun zwar nicht auf Partikularitäten von meinen Pferd- und Hundeställen, oder meiner Gewehrkammer einlassen, wie Stall-, Jagd- und Hundejunker sonst wohl zu tun pflegen; aber zwei von meinen Hunden zeichneten sich so sehr in meinen Diensten aus, daß ich sie nie vergessen kann, und ihrer bei dieser Gelegenheit mit wenigem erwähnen muß. Der eine war ein Hühnerhund, so unermüdet, so aufmerksam, so vorsichtig, daß jeder, der ihn sah, mich darum beneidete. Tag und Nacht konnte ich ihn gebrauchen: wurd' es Nacht, so hing ich ihm eine Laterne an den Schwanz, und nun jagte ich so gut, oder noch besser mit ihm als am hellen Tage. – Einst (es war kurz nach meiner Verheueratung) bezeugte meine Frau Lust auf die Jagd zu gehen. Ich ritt voran um etwas aufzusuchen, und es dauerte nicht lange, so stand mein Hund vor einer Kette von einigen hundert Hühnern. Ich warte und warte immer auf meine Frau, die mit einem Leutnant und einem Reitknechte, gleich nach mir weggeritten war; niemand aber war zu sehen und zu hören. Endlich werde ich unruhig, kehre um, und ungefähr auf der Hälfte des Weges höre ich ein äußerst klägliches Winseln. Es schien mir ziemlich nahe zu sein, und doch war weit und breit keine lebendige Seele zu erblikken. Ich stieg ab, legte mein Ohr auf den Boden, und nun hörte ich nicht nur, daß dies Jammern unter der Erde war, sondern erkannte auch ganz deutlich die Stimme meiner Frau, meines Leutnants, und meines Reitknechts. Zugleich sah ich auch, daß nicht weit von mir die Öffnung einer Steinkohlengrube war, und es blieb mir nun leider kein Zweifel mehr, daß mein armes Weib, und ihre Begleiter da hineingestürzt waren. Ich eilte in voller Karriere nach dem nächsten Dorfe, um die Grubenleute zu holen, die endlich, nach langer höchst mühseliger Arbeit, die Verunglückten aus einem neunzig Klafter tiefen Schacht zu Tage förderten. Erst brachten sie den Reitknecht, dann sein Pferd, dann den Leutnant, dann sein Pferd, dann meine Frau, und zuletzt ihren türkischen Klepper. Das Wunderbarste bei der ganzen Sache war, daß Menschen und Pferde bei diesem ungeheueren Sturze, einige kleine Quetschungen abgerechnet, fast gar nicht beschädigt waren; desto mehr aber hatten sie durch die unaussprechliche Angst gelitten. An eine Jagd war nun, wie Sie sich leicht vorstellen können, nicht mehr zu denken; und da Sie, wie ich fast vermute, meinen Hund während dieser Erzählung vergessen haben, so werden Sie mir es nicht übelnehmen, daß auch ich nicht mehr an ihn dachte. Mein Dienst nötigte mich, gleich den andern Morgen eine Reise anzutreten, von der ich erst nach vierzehn Tagen zurückkam. Ich war kaum einige Stunden wieder zu Hause, als ich meine Diane vermißte. Niemand hatte sich um sie bekümmert; meine Leute hatten sämtlich geglaubt, sie wäre mit mir gelaufen; und nun war sie zu meinem großen Leidwesen nirgends zu finden. – Endlich kam

mir der Gedanke; sollte der Hund wohl gar noch bei den Hühnern sein. Hoffnung und Furcht jagten mich augenblicklich nach der Gegend hin, und, siehe da! zu meiner unsäglichen Freude stand mein Hund noch auf derselben Stelle wo ich ihn vor vierzehn Tagen verlassen hatte. *»Piel«,* rief ich, und sogleich sprang er ein, und ich bekam auf einen Schuß fünfundzwanzig Hühner. Kaum aber konnte das arme Tier noch zu mir ankriechen, so ausgehungert und abgemattet war es. Um ihn mit mir nach Hause bringen zu können, mußte ich ihn auf mein Pferd nehmen, und Sie können leicht denken, daß ich mich mit der größten Freude dieser Unbequemlichkeit unterzog. Nach einer guten Pflege von wenigen Tagen war er wieder so frisch und munter als zuvor, und einige Wochen darauf machte er mir es möglich ein Rätsel aufzulösen, was mir ohne ihn wahrscheinlich ewig ungelöst hätte bleiben müssen. **I**ch jagte nämlich zwei ganze Tage hinter einem Hasen her. Mein Hund brachte ihn immer wieder herum, aber nie konnte ich zum Schusse kommen. – An Hexerei zu glauben ist meine Sache nie gewesen, dazu habe ich zu außerordentliche Dinge erlebt; allein hier war ich doch mit meinen fünf Sinnen am Ende. Endlich kam mir aber doch der Hase so nahe, daß ich ihn mit meinem Gewehr erreichen konnte. Er stürzte

nieder, und was meinen Sie, was ich nun fand? – Vier Läufe hatte mein Hase unter dem Leibe und viere auf dem Rücken. Waren die zwei untern Paare müde, so warf er sich wie ein geschickter Schwimmer, der auf Bauch und Rücken schwimmen kann, herum, und nun ging es mit den beiden neuen wieder mit verstärkter Geschwindigkeit fort. Nie habe ich nachher einen Hasen von der Art gefunden, und auch diesen würde ich nicht bekommen haben, wenn mein Hund nicht so ungemeine Vollkommenheiten gehabt hätte. Dieser aber übertraf sein ganzes Geschlecht so sehr, daß ich kein Bedenken tragen würde, ihm den Beinamen des *Einzigen* beizulegen, wenn nicht ein Windspiel, das ich hatte, ihm diese Ehre streitig machte. Das Tierchen war minder wegen seiner Gestalt, als wegen seiner außerordentlichen Schnelligkeit merkwürdig. Hätten die Herren es gesehen, so würden sie es gewiß bewundert, und sich gar nicht verwundert haben, daß ich es so liebhatte, und so oft mit ihm jagte. Es lief so schnell, so oft und so lange in meinem Dienste, daß es sich die Beine ganz bis dicht unterm Leibe weglief, und ich es in seiner letzten Lebenszeit nur noch als Dachssucher gebrauchen konnte, in welcher Qualität es mir denn ebenfalls noch manch liebes Jahr diente.

Weiland noch als Windspiel – beiläufig zu melden, es war eine

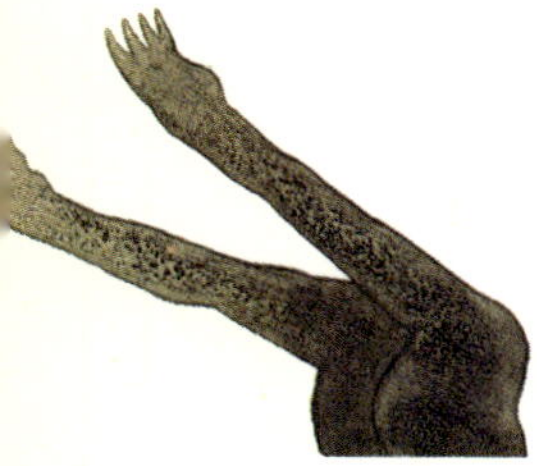

Hündin – setzte sie einst hinter einem Hasen her, der mir ganz ungewöhnlich dick vorkam. Es tat mir leid um meine arme Hündin; denn sie war mit Jungen trächtig, und wollte doch noch ebenso schnell laufen, als sonst. Nur in sehr weiter Entfernung konnte ich zu Pferde nachfolgen. Auf einmal hörte ich ein Gekläffe wie von einer ganzen Koppel Hunde, allein so schwach und zart, daß ich nicht wußte, was ich daraus machen sollte. Wie ich näher kam, sah ich mein himmelblaues Wunder. Die Häsin hatte im Laufen gesetzt, und meine Hündin geworfen; und zwar jene gerade ebensoviel junge Hasen, als diese junge Hunde. Instinktmäßig hatten jene die Flucht genommen, diese aber nicht nur gejagt, sondern auch gefangen. Dadurch gelangte ich am Ende der Jagd auf einmal zu sechs Hasen und Hunden: da ich doch nur mit einem einzigen angefangen hatte. **I**ch gedenke dieser wunderbaren Hündin mit ebendem Vergnügen, als eines vortrefflichen litauischen Pferdes, welches nicht mit Gelde zu bezahlen war. Dies bekam ich durch ein Ohngefähr, welches mir Gelegenheit gab, meine Reitkunst zu meinem nicht geringen Ruhme zu zeigen. Ich war nämlich einst auf dem prächtigen Landsitze des Grafen *Przobofsky* in Litauen, und blieb im Staatszimmer bei den Damen zum Tee, indessen die Herren hinunter in den Hof

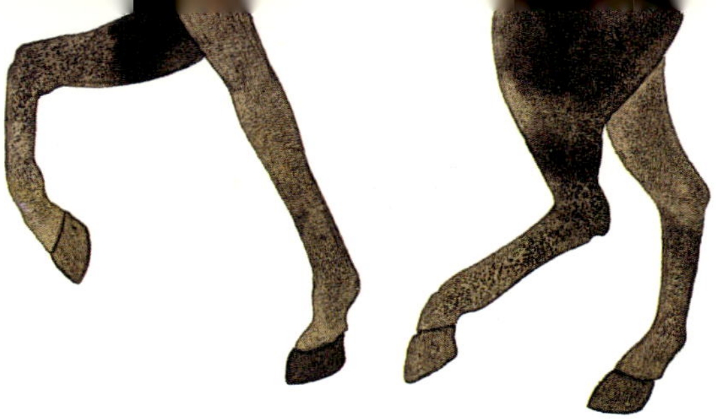

gingen, um ein junges Pferd von Geblüte zu besehen, welches soeben aus der Stuterei angelangt war. Plötzlich hörten wir einen Notschrei. – Ich eilte die Treppe hinab und fand das Pferd so wild und unbändig, daß niemand sich getrauete, sich ihm zu nähern, oder es zu besteigen. Bestürzt und verwirrt standen die entschlossensten Reiter da; Angst und Besorgnis schwebte auf allen Gesichtern, als ich mit einem einzigen Sprunge auf seinem Rücken saß, und das Pferd durch diese Überraschung nicht nur in Schrecken setzte, sondern es auch durch Anwendung meiner besten Reitkünste gänzlich zu Ruhe und Gehorsam brachte. Um dies den Damen noch besser zu zeigen und ihnen alle unnötige Besorgnis zu ersparen, so zwang ich den Gaul, durch eins der offenen Fenster des Teezimmers mit mir hineinzusetzen. Hier ritt ich nun verschiedenemal, bald Schritt, bald Trott, bald Galopp herum, setzte endlich sogar auf den Teetisch, und machte da im kleinen überaus artig die ganze Schule durch, worüber sich denn die Damen ganz ausnehmend ergötzten. Mein Rößchen machte alles so bewundernswürdig geschickt, daß es weder Kannen noch Tassen zerbrach. Dies setzte mich bei den Damen und dem Herrn Grafen so hoch in Gunst, daß er mit seiner gewöhnlichen Höflichkeit mich bat, das junge Pferd zum Geschenke von ihm anzunehmen, und auf selbigem in dem Feldzuge gegen die Türken, welcher in kurzem unter Anführung des Grafen Münnich eröffnet werden sollte, auf Sieg und Eroberung auszureiten. **E**in angenehmeres Geschenk hätte mir nun wohl nicht leicht gemacht werden können, besonders da es mir so viel Gutes von einem Feldzuge weissagte, in welchem ich mein erstes Probestück als Soldat ablegen wollte. Ein Pferd, so gefügig, so mutvoll und feurig – Lamm und Bucephal zugleich – mußte mich allezeit an die Pflichten eines braven Soldaten, und an die erstaunlichen Taten erinnern, welche der junge Alexander im Felde verrichtet hatte. **W**ir zogen, wie es scheinet, unter andern auch in der Absicht zu Felde, um die Ehre der russischen Waffen, welche in dem Feldzuge unter Zar Peter am Pruth ein wenig gelitten hatte, wiederherzustellen. Dieses gelang uns auch vollkommen durch verschiedene zwar mühselige, aber doch rühmliche Feldzüge, unter Anführung des großen Feldherrn, dessen ich vorhin erwähnte. **D**ie Bescheidenheit verbietet es Subalternen, sich große Taten und Siege zuzuschreiben, wovon der Ruhm gemeiniglich den Anführern, ihrer Alltagsqualitäten ungeachtet, ja wohl gar verkehrt genug Königen und Königinnen in Rechnung gebracht wird, welche niemals anders als Musterungspulver rochen, nie außer ihren Lustlagern ein Schlachtfeld, noch außer ihren Wachtparaden ein Heer in Schlachtordnung erblickten.

Ich mache also keinen besondern Anspruch an die Ehre von unsern größern Affären mit dem Feinde. Wir taten insgesamt unsere Schuldigkeit, welches in der Sprache des Patrioten, des Soldaten, und kurz des braven Mannes ein sehr viel umfassender Ausdruck, ein Ausdruck von sehr wichtigem Inhalt und Belang ist, obgleich der große Haufen müßiger Kannengießer sich nur einen sehr geringen und ärmlichen Begriff davon machen mag. Da ich indessen ein Korps Husaren unter meinem Kommando hatte, so ging ich auf verschiedene Expeditionen aus, wo das Verhalten meiner eigenen Klugheit und Tapferkeit überlassen war. Den Erfolg hiervon, denke ich denn doch, kann ich mit gutem Fug auf meine eigene und die Rechnung derjenigen braven Gefährten schreiben, die ich zu Sieg und Eroberung führte.

Einst, als wir die Türken in Oczakow hineintrieben, ging's bei der Avantgarde sehr heiß her. Mein feuriger Litauer hätte mich beinahe in des Teufels Küche gebracht. Ich hatte einen ziemlich entfernten Vorposten und sah den Feind in einer Wolke von Staub gegen mich anrücken, wodurch ich wegen seiner wahren Anzahl und Absicht gänzlich in Ungewißheit blieb. Mich in eine ähnliche Wolke von Staub einzuhüllen wäre freilich wohl ein Alltagspfiff gewesen, würde mich aber ebensowenig klüger gemacht, als überhaupt der Absicht nähergebracht haben, warum ich vorausgeschickt war. Ich ließ daher meine Flankeurs zur Linken und Rechten auf beiden Flügeln sich zerstreuen, und so viel Staub erregen, als sie nur immer konnten. Ich selbst aber ging gerade auf den Feind los, um ihn näher in Augenschein zu nehmen. Dies gelang mir. Denn er stand und focht nur so lange, bis die Furcht vor meinen Flankeurs ihn in Unordnung zurücktrieb. Nun war's Zeit, tapfer über ihn herzufallen. Wir zerstreueten ihn völlig, richteten eine gewaltige Niederlage an, und trieben ihn nicht allein in seine Festung zu Loche, sondern auch durch und durch, ganz über und wider unsere blutgierigsten Erwartungen. **W**eil nun mein Litauer so außerordentlich geschwind war, so war ich der Vorderste beim Nachsetzen, und da ich sah, daß der Feind so hübsch zum gegenseitigen Tore wieder hinausfloh, so hielt ich's für ratsam, auf dem Marktplatze anzuhalten, und da zum Rendezvous blasen zu lassen. Ich hielt an, aber stellt Euch, Ihr Herren, mein Erstaunen vor, als ich weder Trompeter, noch irgendeine lebendige Seele von meinen Husaren um mich sah. – ›Sprengen sie etwa durch andere Straßen? Oder was ist aus ihnen geworden?‹ –

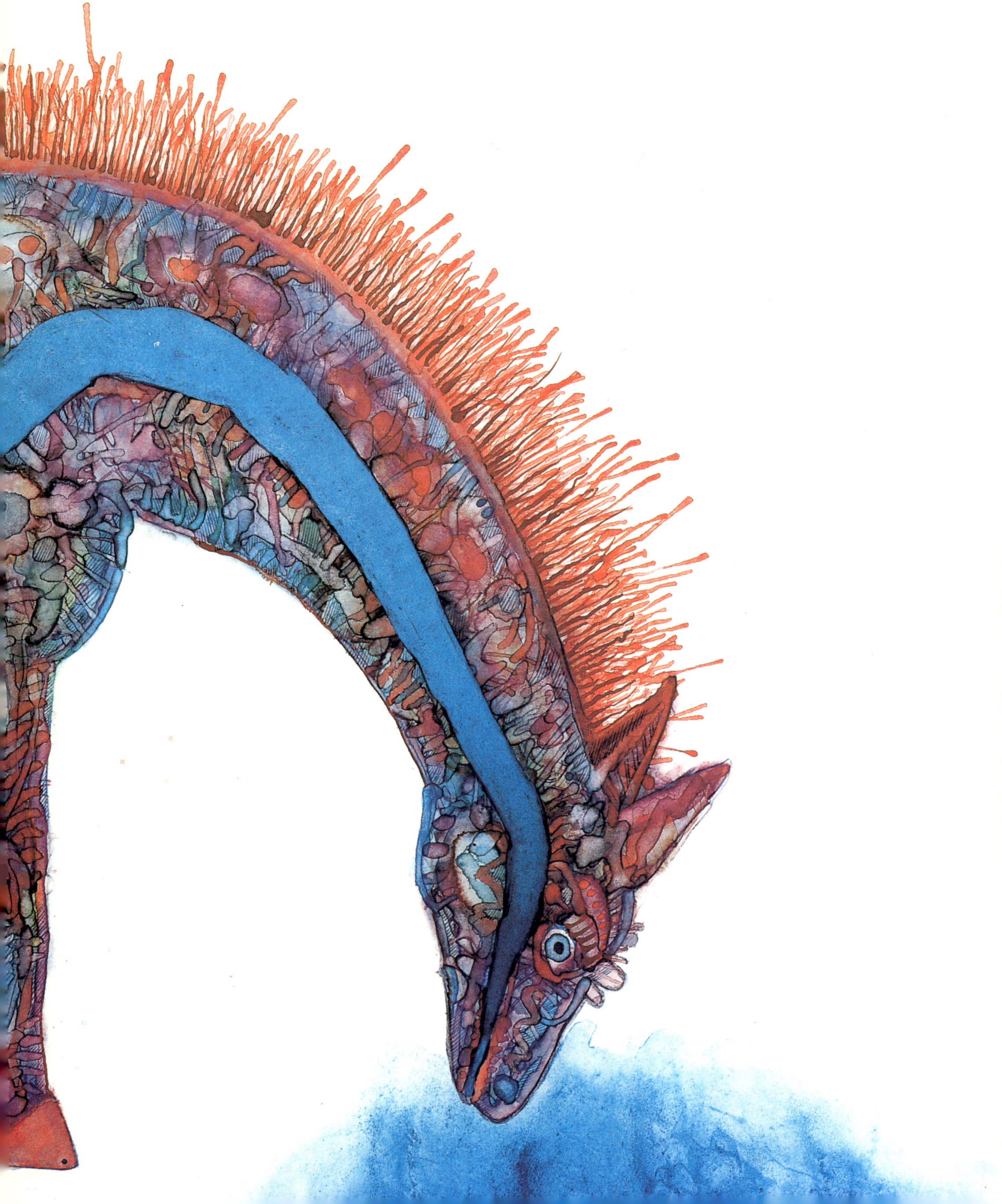

dachte ich. Indessen konnten sie meiner Meinung nach unmöglich fern sein und mußten mich bald einholen. In dieser Erwartung ritt ich meinen atemlosen Litauer zu einem Brunnen auf den Marktplatze, und ließ ihn trinken. Er soff ganz unmäßig und mit einem Heißdurste, der gar nicht zu löschen war. Allein das ging ganz natürlich zu. Denn als ich mich nach meinen Leuten umsah, was meint Ihr wohl, Ihr Herren, was ich da erblickte? – Der ganze Hinterteil des armen Tieres, Kreuz und Lenden waren fort, und wie rein abgeschnitten. So lief denn hinten das Wasser ebenso wieder
 heraus, als es von vorn hineingekommen war, ohne daß es dem Gaul zugute kam, oder ihn erfrischte. Wie das zugegangen sein mochte, blieb mir ein völliges Rätsel, bis endlich mein Reitknecht von einer ganz entgegengesetzten Seite angejagt kam, und, unter einem Strome von treuherzigen Glückwünschen und kräftigen Flüchen, mir folgendes zu vernehmen gab. Als ich pêle-mêle mit dem fliehenden Feinde hereingedrungen wäre, hätte man plötzlich das Schutzgatter fallen lassen, und dadurch wäre der Hinterteil meines Pferdes rein abgeschlagen worden. Erst hätte besagter Hinterteil, unter den Feinden, die ganz blind und taub gegen das Tor angestürzet wären, durch beständiges Ausschlagen die fürchterlichste Verheerung angerichtet,

und dann wäre er siegreich nach einer nahe gelegenen Weide hingewandert, wo ich ihn wahrscheinlich noch finden würde. Ich drehte sogleich um, und in einem unbegreiflich schnellen Galopp brachte mich die Hälfte meines Pferdes, die mir noch übrig war, nach der Weide hin. Zu meiner großen Freude fand ich hier die andere Hälfte gegenwärtig, und zu meiner noch größeren Verwunderung sah ich, daß sich dieselbe mit einer Beschäftigung amüsierte, die so gut gewählt war, daß bis jetzt noch kein Maître des plaisirs mit allem Scharfsinne imstande war eine angemessenere Unterhaltung eines kopflosen Subjekts ausfindig zu machen. Mit einem Worte, der Hinterteil meines Wunderpferdes hatte in den wenigen Augenblicken schon sehr vertraute Bekanntschaft mit den Stuten gemacht, die auf der Weide umherliefen, und schien bei den Vergnügungen seines Harems alles ausgestandene Ungemach zu vergessen. Hierbei kam nun freilich der Kopf so wenig in Betracht, daß selbst die Fohlen die dieser Erholung ihr Dasein zu danken hatten, unbrauchbare Mißgeburten waren, denen alles das fehlte, was bei ihrem Vater, als er sie zeugte, vermißt wurde. **D**a ich so unwidersprechliche Beweise hatte, daß in beiden Hälften meines Pferdes Leben sei, so ließ ich sogleich unsern Kurschmied rufen. Dieser heftete, ohne sich lange zu besinnen, beide Teile mit jungen Lorbeersprößlingen, die gerade bei der Hand waren, zusammen. Die Wunde heilte glücklich zu; und es begab sich etwas, das nur einem so ruhmvollen Pferde begegnen konnte. Nämlich, die Sprossen schlugen Wurzel in seinem Leibe, wuchsen empor und wölbten eine Laube über mir, so daß ich hernach manchen ehrlichen Ritt im Schatten meiner sowohl als meines Rosses Lorbeern tun konnte.

Einer andern kleinen Ungelegenheit von dieser Affäre will ich nur beiläufig erwähnen. Ich hatte so heftig, so lange, so unermüdet auf den Feind losgehauen, daß mein Arm dadurch endlich in eine unwillkürliche Bewegung des Hauens geraten war, als der Feind schon längst über alle Berge war. Um mich nun nicht selbst, oder meine Leute, die mir zu nahe kamen, für nichts und wieder nichts zu prügeln, sah ich mich genötigt, meinen Arm an die acht Tage lang ebensogut in der Binde zu tragen, als ob er mir halb abgehauen gewesen wäre.

Einem Manne, meine Herren, der einen Gaul, wie mein Litauer war, zu reiten vermochte, können Sie auch wohl noch ein anderes Voltigier- und Reiterstückchen zutrauen, welches außerdem vielleicht ein wenig fabelhaft klingen möchte. Wir belagerten nämlich, ich weiß nicht mehr welche Stadt, und dem Feldmarschall war ganz erstaunlich viel an

genauer Kundschaft gelegen, wie die Sachen in der Festung stünden. Es schien äußerst schwer, ja fast unmöglich, durch alle Vorposten, Wachen und Festungswerke hineinzugelangen, auch war eben kein tüchtiges Subjekt vorhanden, wodurch man so was glücklich auszurichten hätte hoffen können. Vor Mut und Diensteifer fast ein wenig allzu rasch, stellte ich mich neben eine der größten Kanonen, die soeben

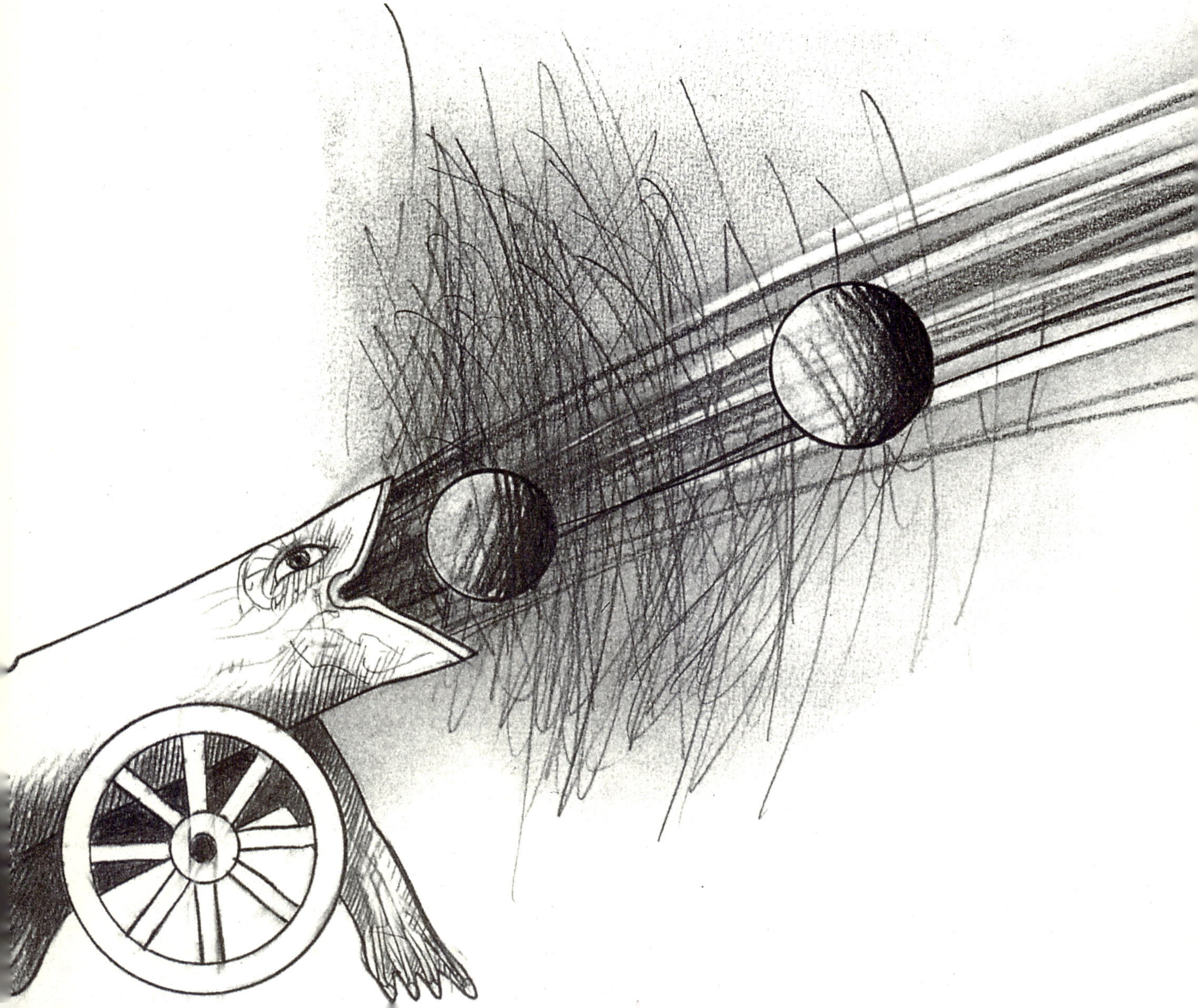

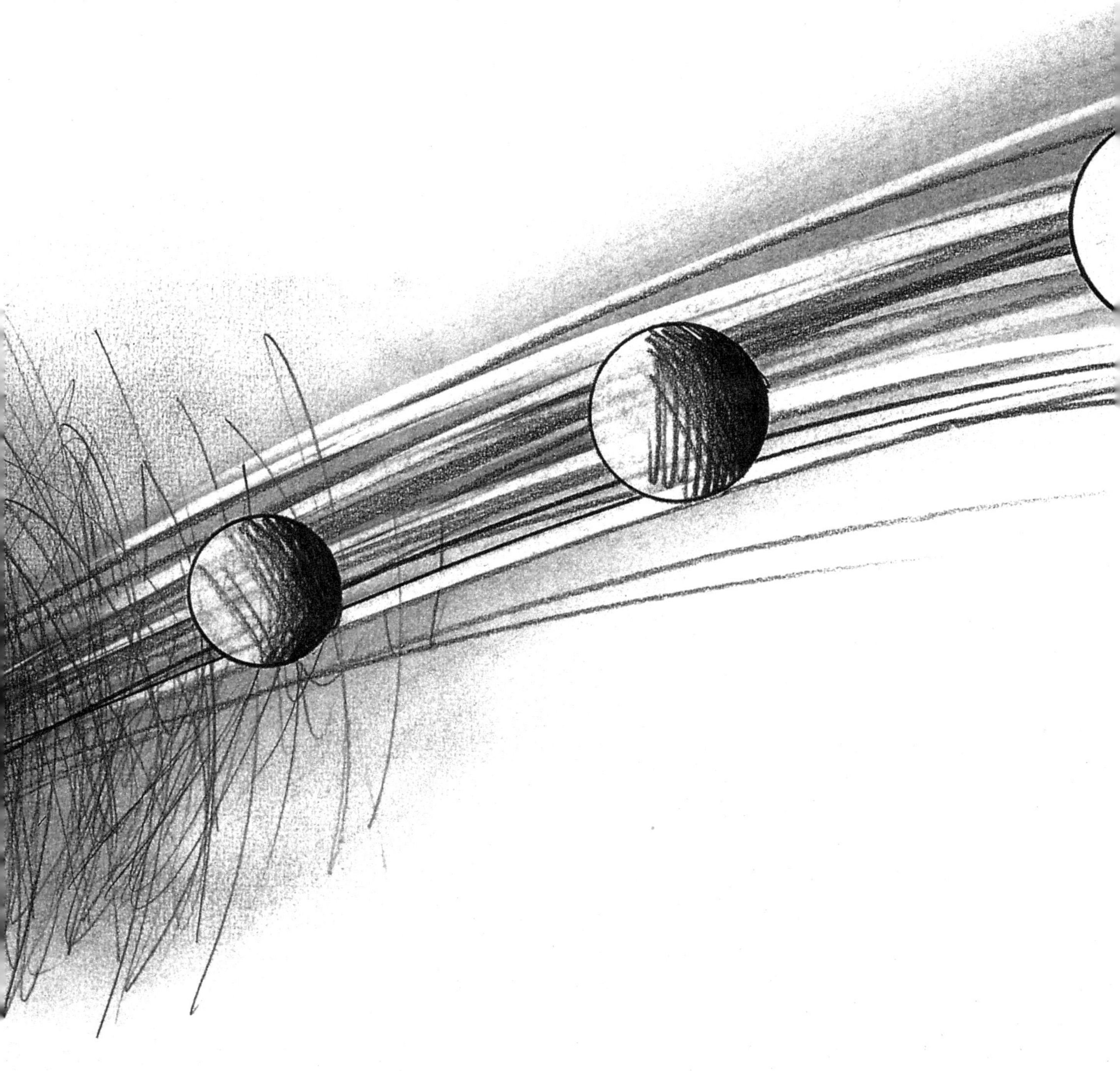

nach der Festung abgefeuert ward, und sprang im Hui auf die Kugel, in der Absicht, mich in die Festung hineintragen zu lassen. Als ich aber halbwegs durch die Luft geritten war, stiegen mir allerlei nicht unerhebliche Bedenklichkeiten zu Kopfe. ›Hum‹, dachte ich, ›hinein kommst du nun wohl, allein wie hernach sogleich wieder heraus? Und wie kann's dir in der Festung ergehen? Man wird dich sogleich als einen Spion erkennen, und an den nächsten Galgen hängen. Ein solches Bette der Ehren wollte ich mir denn doch wohl verbitten.‹ Nach diesen und ähnlichen Betrachtungen entschloß ich mich kurz, nahm die glückliche Gelegenheit wahr, als eine Kanonenkugel aus der Festung einige Schritte weit vor mir vorüber nach unserm Lager flog, sprang von der meinigen auf diese hinüber, und kam, zwar unverrichtetersache, jedoch wohlbehalten bei den lieben Unsrigen wieder an. **S**o leicht und fertig ich im

Springen war, so war es auch mein Pferd. Weder Graben oder Zäune hielten mich jemals ab, überall den geradesten Weg zu reiten. Einst setzte ich darauf hinter einem Hasen her, der querfeldein über die Heerstraße lief. Eine Kutsche mit zwei schönen Damen fuhr diesen Weg gerade zwischen mir und dem Hasen vorbei. Mein Gaul setzte so schnell und ohne Anstoß mitten durch die Kutsche hindurch, wovon die Fenster aufgezogen waren, daß ich kaum Zeit hatte, meinen Hut abzuziehen, und die Damen wegen dieser Freiheit untertänigst um Verzeihung zu bitten.

Ein andres Mal wollte ich über einen Morast setzen, der mir anfänglich nicht so breit vorkam, als ich ihn fand, da ich mitten im Sprunge war. Schwebend in der Luft wendete ich daher wieder um, wo ich hergekommen war, um einen größern Anlauf zu nehmen. Gleichwohl sprang ich auch zum zweiten Male noch zu kurz, und fiel nicht weit vom andern Ufer bis an den Hals in den Morast. Hier hätte ich unfehlbar umkommen müssen, wenn nicht die Stärke meines eigenen Armes mich an meinem eigenen Haarzopfe, samt dem Pferde, welches ich fest zwischen meine Knie schloß, wieder herausgezogen hätte.

Trotz aller meiner Tapferkeit und Klugheit, trotz meiner und meines Pferdes Schnelligkeit, Gewandtheit und Stärke, ging's mir in dem Türken-

kriege doch nicht immer nach Wunsche. Ich hatte sogar das Unglück, durch die Menge übermannt und zum Kriegsgefangenen gemacht zu werden. Ja, was noch schlimmer war, aber doch immer unter den Türken gewöhnlich ist, ich wurde zum Sklaven verkauft. In diesem Stande der Demütigung war mein Tagewerk nicht sowohl hart und sauer, als vielmehr seltsam und verdrießlich. Ich mußte nämlich des Sultans Bienen alle Morgen auf die Weide treiben, sie daselbst den ganzen Tag lang hüten, und dann gegen Abend wieder zurück in ihre Stöcke treiben. Eines Abends vermißte ich eine Biene, wurde aber sogleich gewahr, daß zwei Bären sie angefallen hatten, und ihres Honigs wegen zerreißen wollten. Da ich nun nichts anderes Waffenähnliches in Händen hatte, als die silberne Axt, welche das Kennzeichen der Gärtner und Landarbeiter des Sultans ist, so warf ich diese nach den beiden Räubern, bloß in der Absicht, sie damit wegzuscheuchen. Die arme Biene setzte ich auch wirklich dadurch in Freiheit; allein durch einen unglücklichen allzu starken Schwung meines Armes flog die Axt in die Höhe, und hörte nicht auf zu steigen, bis sie im Monde niederfiel. Wie sollte ich sie nun wiederkriegen? Mit welcher Leiter auf Erden sie herunterholen? Da fiel mir ein, daß die türkischen Bohnen sehr geschwind und zu

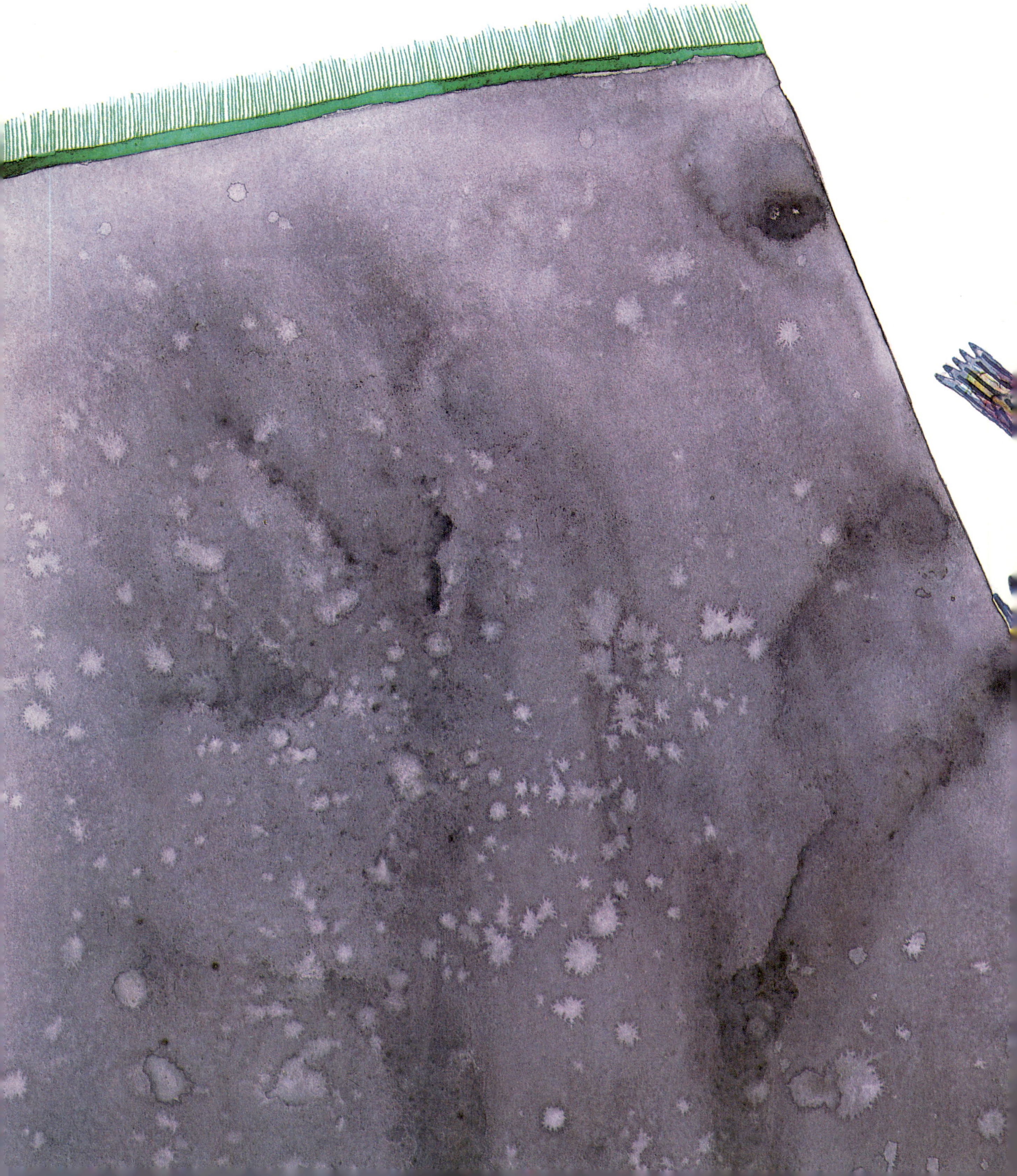

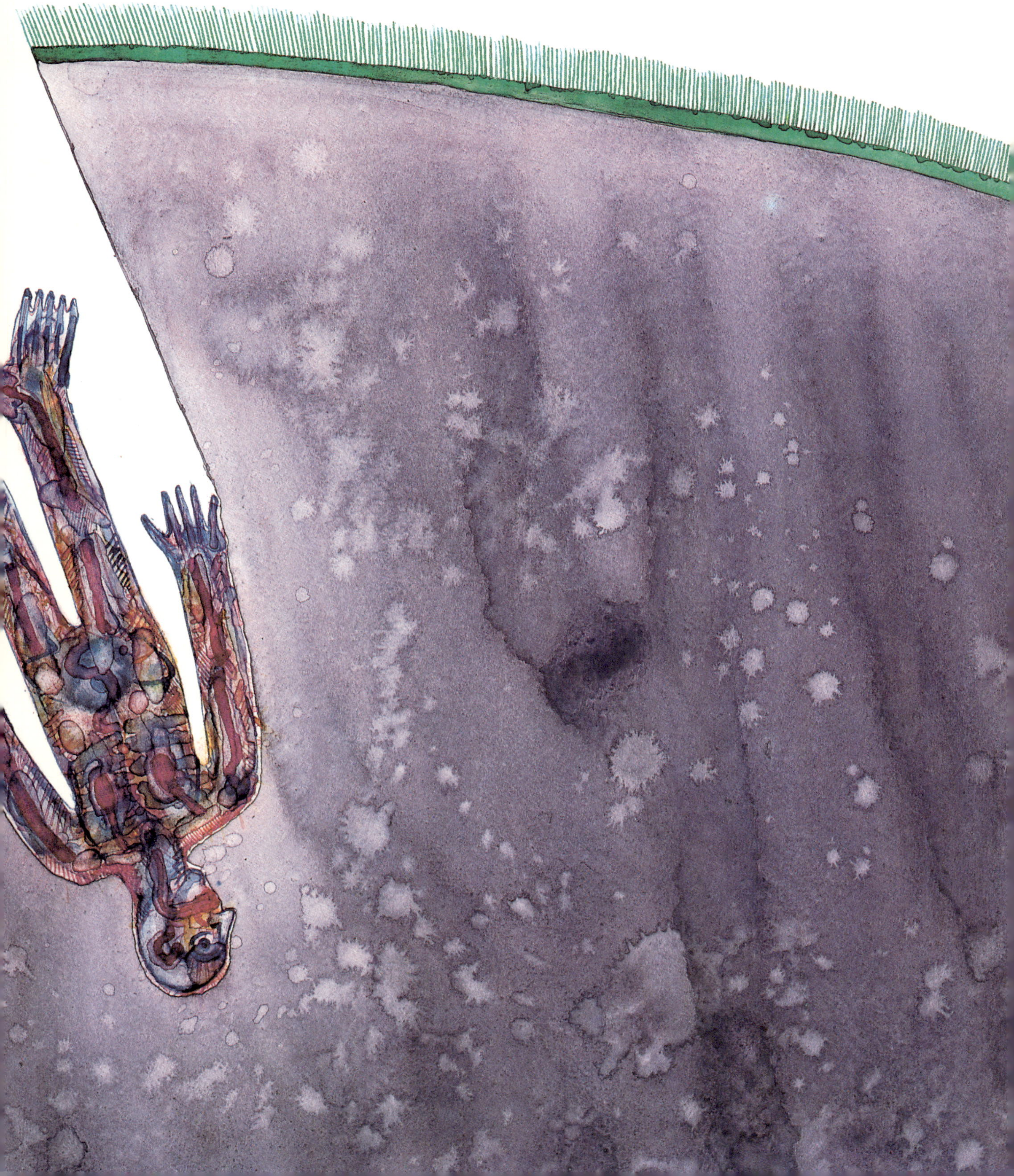

einer ganz erstaunlichen Höhe emporwüchsen. Augenblicklich pflanzte ich also eine solche Bohne, welche wirklich emporwuchs, und sich an einem von des Mondes Hörnern von selbst anrankte. Nun kletterte ich getrost nach dem Monde empor, wo ich auch glücklich anlangte. Es war ein ziemlich mühseliges Stückchen Arbeit, meine silberne Axt an einem Orte wiederzufinden, wo alle andere Dinge gleichfalls wie Silber glänzten. Endlich aber fand ich sie doch auf einem Haufen Spreu und Häckerling. Nun wollte ich wieder zurückkehren, aber ach! die Sonnenhitze hatte indessen

meine Bohne aufgetrocknet, so daß daran schlechterdings nicht wieder herabzusteigen war. Was war nun zu tun? – Ich flocht mir einen Strick von dem Häckerling, so lang ich ihn nur immer machen konnte. Diesen befestigte ich an einem von des Mondes Hörnern, und ließ mich daran herunter. Mit der rechten Hand hielt ich mich fest, und in der linken führte ich meine Axt. Sowie ich nun eine Strecke hinuntergeglitten war, so hieb ich immer das überflüssige Stück über mir ab, und knüpfte dasselbe unten wieder an, wodurch ich denn ziemlich weit heruntergelangte. Dieses wiederholte Abhauen und Anknüpfen machte nun freilich den Strick ebensowenig besser, als es mich völlig herab auf des Sultans Landgut brachte. Ich mochte wohl noch ein paar Meilen weit droben in den Wolken sein, als mein Strick auf einmal zerriß, und ich mit solcher Heftigkeit herab zu Gottes Erdboden fiel, daß ich ganz betäubt davon wurde. Durch die Schwere meines von einer solchen Höhe herabfallenden Körpers fiel ich ein Loch, wenigstens neun Klafter tief, in die Erde hinein. Ich erholte mich zwar endlich wieder, wußte aber nun nicht, wie ich wieder herauskommen sollte. Allein was tut nicht die Not? Ich grub mir mit meinen Nägeln, deren Wuchs damals vierzigjährig war, eine Art von Treppe, und förderte mich dadurch glücklich zutage.

Durch diese mühselige Erfahrung klüger gemacht, fing ich's nachher besser an, der Bären, die so gern nach meinen Bienen und den Honigstöcken stiegen, loszuwerden. Ich bestrich die Deichsel eines Ackerwagens mit Honig, und legte mich nicht weit davon des Nachts in einen Hinterhalt. Was ich vermutete, das geschah. Ein ungeheurer Bär, herbeigelockt durch den Duft des Honigs, kam an, fing vorn an der Spitze der Stange so begierig an zu lecken, daß er sich die ganze Stange durch

Schlund, Magen und Bauch bis hinten wieder hinausleckte. Als er sich nun so artig auf die Stange hinaufgeleckt hatte, lief ich hinzu, steckte vorn durch das Loch der Deichsel einen langen Pflock, verwehrte dadurch dem Nascher den Rückzug, und ließ ihn sitzen bis an den andern Morgen. Über dies Stückchen wollte sich der Großsultan, der von ungefähr vorbeispazierte, fast totlachen. **N**icht lange hierauf machten die Russen mit den Türken Frieden, und ich wurde nebst andern Kriegsgefangenen wieder nach St. Petersburg ausgeliefert. Ich nahm aber nun meinen Abschied, und verließ Rußland um die Zeit der großen Revolution vor etwa vierzig Jahren, da der Kaiser in der Wiege, nebst seiner Mutter und seinem Vater, dem Herzoge von Braunschweig, dem Feldmarschall von Münnich und vielen andern nach Sibirien geschickt wurden. Es herrschte damals über ganz Europa ein so außerordentlich strenger Winter, daß die Sonne eine Art von Frostschaden erlitten haben muß, woran sie seit der ganzen Zeit her bis auf den heutigen Tag gesiecht hat. Ich empfand daher auf der Rückreise in mein Vaterland weit größeres Ungemach, als ich auf meiner Hinreise nach Rußland erfahren hatte. **I**ch mußte, weil mein Litauer in der Türkei geblieben war, mit der Post reisen. Als sich's nun fügte, daß wir an einen engen hohlen Weg zwischen hohen Dornhecken kamen, so erinnerte ich den Postillion, mit seinem Horne ein Zeichen zu geben, damit wir uns in diesem engen Passe nicht etwa gegen ein anderes entgegenkommendes Fuhrwerk festfahren mochten. Mein Kerl setzte an, und blies aus Leibeskräften in das Horn, aber alle seine Bemühungen waren umsonst. Nicht ein einziger Ton kam heraus, welches uns ganz unerklärlich, ja in der Tat für ein rechtes Unglück zu achten war, indem bald eine andere uns entgegenkommende Kutsche auf uns stieß, vor welcher nun schlechterdings nicht vorbeizukommen war. Nichtsdestoweniger sprang ich aus meinem Wagen, und spannte zuvörderst die Pferde aus. Hierauf nahm ich den Wagen, nebst den vier Rädern und allen Päckereien auf meine Schultern, und sprang damit über Ufer und Hecke, ungefähr neun Fuß hoch, welches in Rücksicht auf die Schwere der Kutsche eben keine Kleinigkeit war, auf das Feld hinüber. Durch einen andern Rücksprung gelangte ich, die fremde Kutsche vorüber, wieder in den Weg. Darauf eilte ich zurück zu unsern Pferden, nahm unter jeden Arm eins, und holte sie auf die vorige Art, nämlich durch einen zweimaligen Sprung hinüber und herüber, gleichfalls herbei, ließ wieder anspannen, und gelangte glücklich am Ende der Station zur Herberge. Noch hätte ich anführen sollen, daß eins von den Pferden, welches sehr mutig und nicht über vier Jahr' alt war, ziemlichen Unfug machen wollte. Denn als ich meinen zweiten Sprung über die Hecke tat, so verriet es durch sein Schnauben und Trampeln ein großes Mißbehagen an dieser heftigen Bewegung. Dies verwehrte ich ihm aber gar bald, indem ich seine Hinterbeine in meine Rocktasche steckte. In der Herberge erholten wir uns wieder von unserm Abenteuer. Der Postillion hängte sein Horn an einen Nagel beim Küchenfeuer, und ich setzte mich ihm gegenüber. **N**un hört, Ihr Herren, was geschah! Auf einmal ging's: *Tereng! Tereng! teng! teng!* Wir machten große Augen und fanden nun auf einmal die Ursache aus, warum der Postillion sein Horn nicht hatte blasen können. Die Töne waren in dem Horne festgefroren und kamen nun, so wie sie nach und nach auftaueten, hell und klar, zu nicht geringer Ehre des Fuhrmanns heraus. Denn die ehrliche Haut unterhielt uns nun eine ziemliche Zeit lang mit der herrlichsten Modulation, ohne den Mund an das Horn zu bringen. Da hörten wir den preußischen Marsch – Ohne Lieb' und ohne Wein – Als ich auf meiner Bleiche – Gestern abend war Vetter Michel da – nebst noch vielen andern Stückchen, auch sogar das Abendlied: Nun ruhen alle Wälder – Mit diesem letzten endigte sich denn dieser Tauspaß, so wie ich hiermit meine russische Reisegeschichte. **M**anche Reisende sind bisweilen imstande, mehr zu behaupten, als genaugenommen wahr sein mag. Daher ist es denn kein Wunder, wenn Leser oder Zuhörer ein wenig zum Unglauben geneigt werden. Sollten indessen einige von der Gesellschaft an meiner Wahrhaftigkeit zweifeln, so muß ich sie wegen ihrer Ungläubigkeit herzlich bemitleiden, und sie bitten, sich lieber zu entfernen, ehe ich meine Schiffsabenteuer beginne, die zwar fast noch wunderbarer, aber doch ebenso authentisch sind.

Des Freiherrn von Münchhausen Seeabenteuer

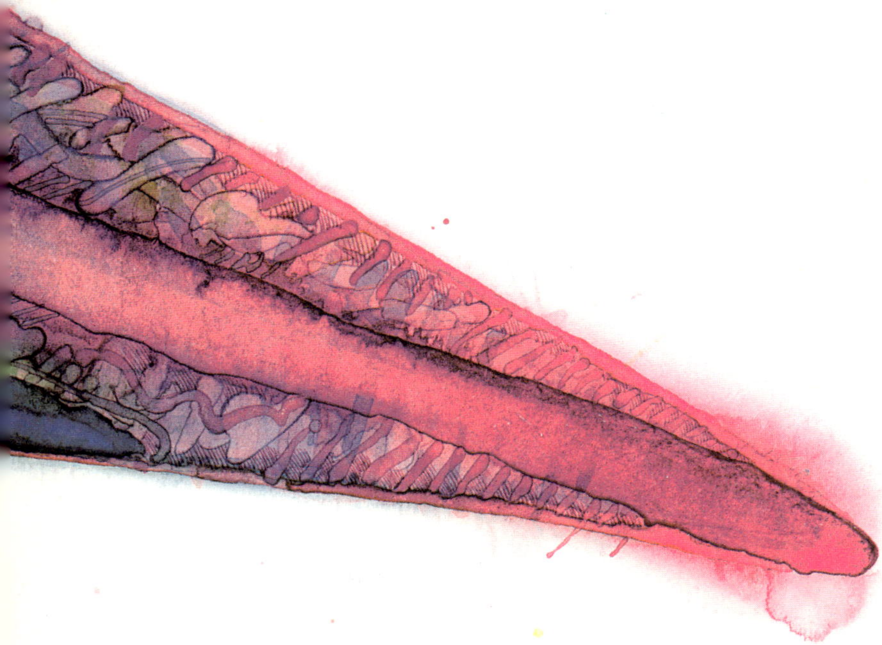

ERSTES SEEABENTEUER

Gleich die erste Reise, die ich in meinem Leben machte, geraume Zeit vor der russischen, von der ich eben einige Merkwürdigkeiten erzählt habe, war eine Reise zur See. **I**ch stand, wie mein Oncle, der schwarzbartigste Husarenoberste, den ich je gesehen habe, mir oft zuzuschnurren pflegte, noch mit den Gänsen im Prozesse, und man hielt es noch für unentschieden, ob der weiße Flaum an meinem Kinne Keim von Dunen oder von einem Barte wäre, als schon Reisen das einzige Dichten und Trachten meines Herzens war. Da mein Vater teils selbst ein ehrliches Teil seiner früheren Jahre mit Reisen zugebracht hatte, teils manchen Winterabend durch die aufrichtige und ungeschminkte Erzählung seiner Abenteuer verkürzte, von denen ich Ihnen vielleicht in der Folge noch einige zum besten gebe, so kann man jene Neigung bei mir wohl mit ebenso gutem Grunde für angeboren, als für eingeflößet halten. Genug, ich ergriff jede Gelegenheit, die sich anbot, oder nicht anbot, meiner unüberwindlichen Begierde, die Welt zu sehen, Befriedigung zu erbetteln oder zu ertrotzen; allein vergebens. Gelang es mir auch einmal bei meinem Vater eine kleine Bresche zu machen, so taten Mama und Tante desto heftigern Widerstand, und in wenigen Augenblicken war alles, was ich durch die überlegtesten An-

griffe gewonnen hatte, wieder verloren. Endlich fügte sich's, daß einer meiner mütterlichen Verwandten uns besuchte. Ich wurde bald sein Liebling: er sagte mir oft, ich wäre ein hübscher munterer Junge, und er wolle alles Mögliche tun, mir zur Erfüllung meines sehnlichsten Wunsches behülflich zu sein. Seine Beredsamkeit war wirksamer als die meinige, und nach vielen Vorstellungen und Gegenvorstellungen, Einwendungen und Widerlegungen wurde endlich zu meiner unaussprechlichen Freude beschlossen, daß ich ihn auf einer Reise nach Ceylon, wo sein Oncle viele Jahre Gouverneur gewesen war, begleiten sollte. **W**ir segelten mit wichtigen Aufträgen
Ihrer Hochmögenden, der Staaten von Holland, von Amsterdam ab. Unsere Reise hatte, wenn ich einen außerordentlichen Sturm abrechne, nichts Besonderes. Dieses Sturmes aber muß ich seiner wunderbaren Folgen wegen, mit ein paar Worten gedenken. Er nahm sich auf, gerade als wir bei einer Insel vor Anker lagen, um uns mit Holz und Wasser zu versorgen, und tobte mit solcher Heftigkeit, daß er eine große Menge Bäume von ungeheuerer Dicke und Höhe mit der Wurzel aus der Erde riß und durch die Luft schleuderte. Ungeachtet einige dieser Bäume mehrere hundert Zentner schwer waren, so sahen sie doch, wegen der unermeßlichen Höhe, – denn sie

waren wenigstens fünf Meilen über der Erde – nicht größer aus, als kleine Vogelfederchen, die bisweilen in der Luft umherfliegen. Indes so wie der Orkan sich legte, fiel jeder Baum senkrecht in seine Stelle, und schlug sogleich wieder Wurzel, so daß kaum eine Spur der Verwüstung zu sehen war. Nur der größte machte hievon eine Ausnahme. Als er durch die plötzliche Gewalt des Sturms aus der Erde ausgerissen wurde, saß gerade ein Mann mit seinem Weibe auf den Ästen desselben, und pflückte Gurken; denn in diesem Teile der Welt wächset diese herrliche Frucht auf Bäumen. Das ehrliche Paar machte so geduldig als Blanchards Hammel, die Luftreise mit, veranlaßte aber durch seine Schwere, daß der Baum sowohl von seiner Richtung gegen seinen vorigen Platz abwich, als auch in einer horizontalen Lage herunterkam. Nun hatte, so wie die meisten Einwohner in dieser Insel, auch ihr allergnädigster Kazike während des Sturms seine Wohnung verlassen, aus Furcht unter den Trümmern derselben begraben zu werden, und wollte gerade wieder durch seinen Garten zurückgehen, als dieser Baum herniedersausete, und ihn, glücklicherweise, auf der Stelle totschlug. – »Glücklicherweise?« – **J**a, ja, glücklicherweise. Denn meine Herren, der Kazike, war, mit Erlaubnis zu melden, der abscheulichste

Tyrann, und die Einwohner der Insel, selbst seine Günstlinge und Mätressen nicht ausgenommen, waren die elendesten Geschöpfe unterm Monde. In seinen Vorratshäusern verfaulten die Lebensmittel, während seine Untertanen, denen sie abgepreßt waren, vor Hunger verschmachteten. Seine Insel hatte keinen auswärtigen Feind zu fürchten; dessenungeachtet nahm er jeden jungen Kerl weg, prügelte ihn höchsteigenhändig zum Helden, und verkaufte von Zeit zu Zeit seine Kollektion dem meistbietenden benachbarten Fürsten, um zu den Millionen Muscheln, die er von seinem Vater geerbt hatte, neue Millionen zu legen. – Man sagte uns, er habe diese unerhörten Grundsätze von einer Reise, die er *nach dem Norden* gemacht habe, mitgebracht; eine Behauptung, auf deren Widerlegung wir uns, allem Patriotismus ungeachtet, schon deswegen nicht einlassen konnten, weil bei diesen Insulanern eine Reise nach dem Norden ebensowohl eine Reise nach den Kanarischen Inseln, als eine Spazierfahrt nach Grönland bedeutet; und eine bestimmtere Erklärung mochten wir aus mehreren Gründen nicht verlangen. **Z**ur Dankbarkeit für den großen Dienst, den das gurkenpflückende Paar, obgleich nur zufälligerweise, seinen Mitbürgern erwiesen hatte, wurde es von diesen auf den erledigten Thron gesetzt. Zwar waren diese guten Leutchen auf ihrer Luftfahrt dem großen Lichte der Welt so nahe gekommen, daß sie das Licht ihrer Augen, und noch überdies eine kleine Portion ihres innern Lichtes dabei zugesetzt hatten; allein nichtsdestoweniger regierten sie so löblich, daß, wie ich in der Folge erfuhr, niemand Gurken aß, ohne zu sprechen: ›Gott erhalten den Kaziken.‹ **N**achdem wir unser Schiff, das von diesem Sturme nicht wenig beschädigt war, wieder ausgebessert, und uns von dem neuen Monarchen und seiner Gemahlin beurlaubt hatten, segelten wir mit ziemlichem Winde ab, und kamen nach sechs Wochen glücklich zu Ceylon an. **E**s mochten ungefähr vierzehn Tage seit unserer Ankunft verstrichen sein, als mir der älteste Sohn des Gouverneurs den Vorschlag tat, mit ihm auf die Jagd zu gehen, den ich auch herzlich gern annahm. Mein Freund war ein großer starker Mann, und an die Hitze jenes Klimas gewöhnt; ich aber wurde in kurzer Zeit und bei ganz mäßiger Bewegung so matt, daß ich, als wir in den Wald gekommen waren, weit hinter ihm zurückblieb. **I**ch wollte mich eben an dem Ufer eines reißenden Stromes, der schon einige Zeit meine Aufmerksamkeit beschäftigt hatte, niedersetzen, um mich etwas auszuruhen, als ich auf einmal auf dem Wege, den ich gekommen war, ein Geräusch hörte. Ich sah zurück, und

wurde fast versteinert, als ich einen ungeheueren Löwen erblickte, der gerade auf mich zukam, und mich nicht undeutlich merken ließ, daß er gnädigst geruhe, meinen armen Leichnam zu seinem Frühstücke zu machen, ohne sich nur meine Einwilligung auszubitten. Meine Flinte war bloß mit Hasenschrot geladen. Langes Besinnen erlaubte mir weder die Zeit noch meine Verwirrung. Doch entschloß ich mich auf die Bestie zu feuern, in der Hoffnung, sie zu schrecken, vielleicht auch zu verwunden. Allein da ich in der Angst nicht einmal wartete, bis mir der Löwe zum Schusse kam, so wurde er dadurch wütend gemacht, und kam nun mit aller Heftigkeit auf mich los. Mehr aus Instinkt, als aus vernünftiger Überlegung, versuchte ich eine Unmöglichkeit – zu entfliehen. Ich kehrte mich um, und – mir läuft noch sooft ich daran gedenke ein kalter Schauder über den Leib – wenige Schritte vor mir steht ein scheußliches Krokodil, das schon fürchterlich seinen Rachen aufsperrte, um mich zu verschlingen. **S**tellen Sie sich, meine Herren, das Schreckliche meiner Lage vor! Hinter mir der Löwe, vor mir das Krokodil, zu meiner Linken ein reißender Strom, zu meiner Rechten ein Abgrund, in dem, wie ich nachher hörte, die giftigsten Schlangen sich aufhielten. **B**etäubt – und das war einem Herkules in dieser Lage nicht

übelzunehmen – stürze ich zu Boden. Jeder Gedanke, den meine Seele noch vermochte, war die schreckliche Erwartung, jetzt die Zähne oder Klauen des wütenden Raubtiers zu fühlen, oder in dem Rachen des Krokodils zu stecken. Doch in wenigen Sekunden hörte ich einen starken, aber durchaus fremden Laut. Ich wage es endlich, meinen Kopf aufzuheben, und mich umzuschauen, und, – was meinen Sie? – zu meiner unaussprechlichen Freude finde ich, daß der Löwe in der Hitze, in der er auf mich losschoß, in ebendem Augenblicke, in dem ich niederstürzte, über mich weg in den Rachen des Krokodils gesprungen war. Der Kopf des einen steckte nun in dem Schlunde des andern, und sie strebten mit aller Macht, sich voneinander loszumachen. Gerade noch zu rechter Zeit sprang ich auf, zog meinen Hirschfänger, und mit einem Streiche haute ich den Kopf des Löwen ab, so daß der Rumpf zu meinen Füßen zuckte. Darauf rammte ich mit dem untern Ende meiner Flinte den Kopf noch tiefer in den Rachen des Krokodils, das nun jämmerlich ersticken mußte. **B**ald nachdem ich diesen vollkommenen Sieg über zwei fürchterliche Feinde erfochten hatte, kam mein Freund, um zu sehen, was die Ursache meines Zurückbleibens wäre. **N**ach gegenseitigen Glückwünschen maßen wir das Krokodil, und fanden

es genau vierzig Pariser Fuß, sieben Zoll lang. **S**obald wir dem Gouverneur dieses außerordentliche Abenteuer erzählet hatten, schickte er einen Wagen mit einigen Leuten aus, und ließ die beiden Tiere nach seinem Hause holen. Aus dem Felle des Löwen mußte mir ein dortiger Kürsner Tobaksbeutel verfertigen, von denen ich einige meinen Bekannten zu Ceylon verehrte. Mit den übrigen machte ich bei unserer Rückkunft nach Holland Geschenke an die Bürgemeister, die mir dagegen ein Geschenk von tausend Dukaten machen wollten, das ich nur mit vieler Mühe ablehnen konnte. **D**ie Haut des Krokodils wurde auf die gewöhnliche Art ausgestopft, und machte nun eine der größten Merkwürdigkeiten in dem Museum zu Amsterdam aus, wo der Vorzeiger die ganze Geschichte jedem, den er herumführet, erzählt. Dabei macht er denn freilich immer einige Zusätze, von denen verschiedene Wahrheit und Wahrscheinlichkeit in hohem Grade beleidigen. So pflegt er zum Exempel zu sagen, daß der Löwe durch das Krokodil hindurchgesprungen sei, und eben bei der Hintertür habe entwischen wollen, als Monsieur, der weltberühmte Baron, wie er mich zu nennen beliebt, den Kopf, sowie er herauskam, und, mit dem Kopfe, drei Fuß von dem Schwanze des Krokodils abgehauen hätte. Das Krokodil, fährt der Kerl bisweilen fort, blieb bei dem Verluste seines Schwanzes nicht gleichgültig, drehete sich um, riß Monsieur den Hirschfänger aus der Hand, und verschlang ihn mit solcher Hitze, daß er mitten durch das Herz des Ungetüms fuhr, und es auf der Stelle sein Leben verlor. Ich brauche Ihnen nicht zu sagen, meine Herren, wie unangenehm mir die Unverschämtheit dieses Schurken sein muß. Leute, die mich nicht kennen, werden durch dergleichen handgreifliche Lügen in unserm zweifelsüchtigen Zeitalter leicht veranlaßt, selbst in die Wahrheit meiner wirklichen Taten ein Mißtrauen

zu setzen, was einen Kavalier von Ehre im höchsten Grade kränkt und beleidigt.

ZWEITES SEEABENTEUER

Im Jahre 1766 schiffte ich mich zu Portsmouth auf einem englischen Kriegsschiffe erster Ordnung, mit hundert Kanonen und vierzehnhundert Mann, nach Nordamerika ein. Ich könnte hier zwar erst noch allerlei, was mir in England begegnet ist, erzählen; ich verspare es aber auf ein anderes Mal. Eins jedoch, welches mir überaus artig vorkam, will ich nur noch im Vorbeigehen mitnehmen. Ich hatte das Vernügen den König mit großem Pompe in seinem Staatswagen nach dem Parlament fahren zu sehen. Ein Kutscher mit einem ungemein respektablen Barte, worein das englische Wappen sehr sauber geschnitten war, saß gravitätisch auf dem Bocke und klatschte mit seiner Peitsche ein ebenso deutliches als künstliches*  **A**nlangend unsere Seereise, so begegnete uns nichts Merkwürdiges, bis wir ohngefähr noch dreihundert Meilen von dem St.-Lorenz-Flusse entfernt waren. Hier stieß das Schiff mit erstaunlicher Gewalt gegen etwas an, das uns wie ein Fels vorkam. Gleichwohl konnten wir, als wir das Senkblei auswarfen, mit fünfhundert Klaftern noch keinen Grund finden. Was diesen Vorfall noch wunderbarer und beinahe unbegreiflich machte, war, daß wir unser Steuerruder verloren, das Bogspriet mitten entzweibrachen und alle unsere Masten von oben bis unten aus zersplitterten, wovon auch zwei über Bord stoben. Ein armer Teufel, welcher gerade oben das Hauptsegel beilegte, flog wenigstens drei Meilen weit vom Schiffe weg, ehe er zu Wasser fiel. Allein er rettete noch dadurch glücklich sein Leben, daß er, während er in der Luft flog, den Schwanz einer Rotgans ergriff, welches nicht nur seinen Sturz in das Wasser milderte, sondern ihm auch Gelegenheit gab, auf ihrem Rücken, oder vielmehr zwischen Hals und Fittichen, so lange nachzuschwimmen, bis er endlich an Bord genommen werden konnte. Ein anderer Beweis von der Gewalt des Stoßes war dieser, daß alles Volk zwischen den Verdecken empor gegen die Kopfdecke geschnellt ward.

* Georg Rex.

Mein Kopf ward dadurch ganz in den Magen hinabgepufft, und es dauerte wohl einige Monate, ehe er seine natürliche Stellung wiederbekam. Noch befanden wir uns insgesamt in einem Zustande des Erstaunens und einer allgemeinen unbeschreiblichen Verwirrung, als sich auf einmal alles durch Erscheinung eines großen Walfisches aufklärte, welcher an der Oberfläche des Wassers, sich sömmernd, eingeschlafen war. Dies Ungeheuer war so übel damit zufrieden, daß wir es mit unserm Schiffe gestört hatten, daß es nicht nur mit seinem Schwanze die Galerie und einen Teil des Oberlofs einschlug, sondern auch zu gleicher Zeit den Hauptanker, welcher, wie gewöhnlich, am Steuer aufgewunden war, zwischen seine Zähne packte, und wenigstens sechzig Meilen weit, sechs Meilen auf eine Stunde gerechnet, mit unserm Schiffe davoneilte. Gott weiß, wohin wir gezogen sein würden, wenn nicht noch glücklicherweise das Ankertau zerrissen wäre, wodurch der Walfisch unser Schiff, wir aber auch zugleich unsern Anker verloren. Als wir aber sechs Monate hierauf wieder nach Europa zurücksegelten, so fanden wir ebendenselben Walfisch, in einer Entfernung weniger Meilen von ebender Stelle, tot auf dem Wasser schwimmen, und er maß ungelogen der Länge nach wenigstens eine halbe Meile. Da wir nun von einem so ungeheueren Tiere nur wenig an Bord nehmen konnten, so setzten wir unsre Boote aus, schnitten ihm mit großer Mühe den Kopf ab, und fanden zu unserer großen Freude nicht nur unsern Anker, sondern auch über vierzig Klafter Tau, welches auf der linken Seite seines Rachens in einem hohlen Zahne steckte. Dies war der einzige besondere Umstand, der sich auf dieser Reise zutrug. Doch halt! Eine Fatalität hätte ich beinahe vergessen. Als nämlich das erste Mal der Walfisch mit dem Schiffe davonschwamm, so bekam das Schiff ein Leck, und das Wasser drang so heftig herein, daß alle unsere Pumpen uns keine halbe Stunde vor dem Sinken hätten bewahren können. Zum guten Glücke entdeckte ich das Unheil zuerst. Es war ein großes Loch, ohngefähr einen Fuß im Durchmesser. Auf allerlei Weise versuchte ich es, das Loch zu verstopfen, allein umsonst. Endlich rettete ich dies schöne Schiff und alle seine zahlreiche Mannschaft durch den glücklichsten Einfall von der Welt. Ob das Loch gleich so groß war, so füllte ich's dennoch mit meinem Liebwertesten aus, ohne meine Beinkleider abzuziehen; und ich würde ausgelanget haben, wenn auch die Öffnung noch viel größer gewesen wäre. Sie werden sich darüber nicht wundern, meine Herren, wenn ich Ihnen sage, daß ich auf beiden Seiten von holländischen, wenigstens westfälischen Vorfahren abstamme. Meine Situation, solange ich auf der Brille saß, war zwar ein wenig kühl, indessen ward ich doch bald durch die Kunst des Zimmermannes erlöset.

DRITTES SEEABENTEUER

Einst war ich in großer Gefahr im Mittelländischen Meere umzukommen. Ich badete mich nämlich an einem Sommernachmittage, ohnweit Marseille, in der angenehmen See, als ich einen großen Fisch, mit weit aufgesperrtem Rachen, in der größten Geschwindigkeit auf mich daherschießen sah. Zeit war hier schlechterdings nicht zu verlieren, auch war es durchaus unmöglich, ihm zu entkommen. Unverzüglich drückte ich mich so klein zusammen, als möglich, indem ich meine Füße heraufzog, und die Arme dicht an den Leib schloß. In dieser Stellung schlüpfte ich denn gerade zwischen seinen Kiefern hindurch, bis in den Magen hinab. Hier brachte ich, wie man leicht denken kann, einige Zeit in gänzlicher Finsternis, aber doch in einer nicht unbehaglichen Wärme zu. Da ich ihm nach und nach Magendrücken verursachen mochte, so wäre er mich wohl gern wieder los gewesen. Weil es mir gar nicht an Raume fehlte, so spielte ich ihm durch Tritt und Schritt, durch Hopp und He, gar manche Possen. Nichts schien ihn aber mehr zu beunruhigen, als die schnelle Bewegung meiner Füße, da ich's

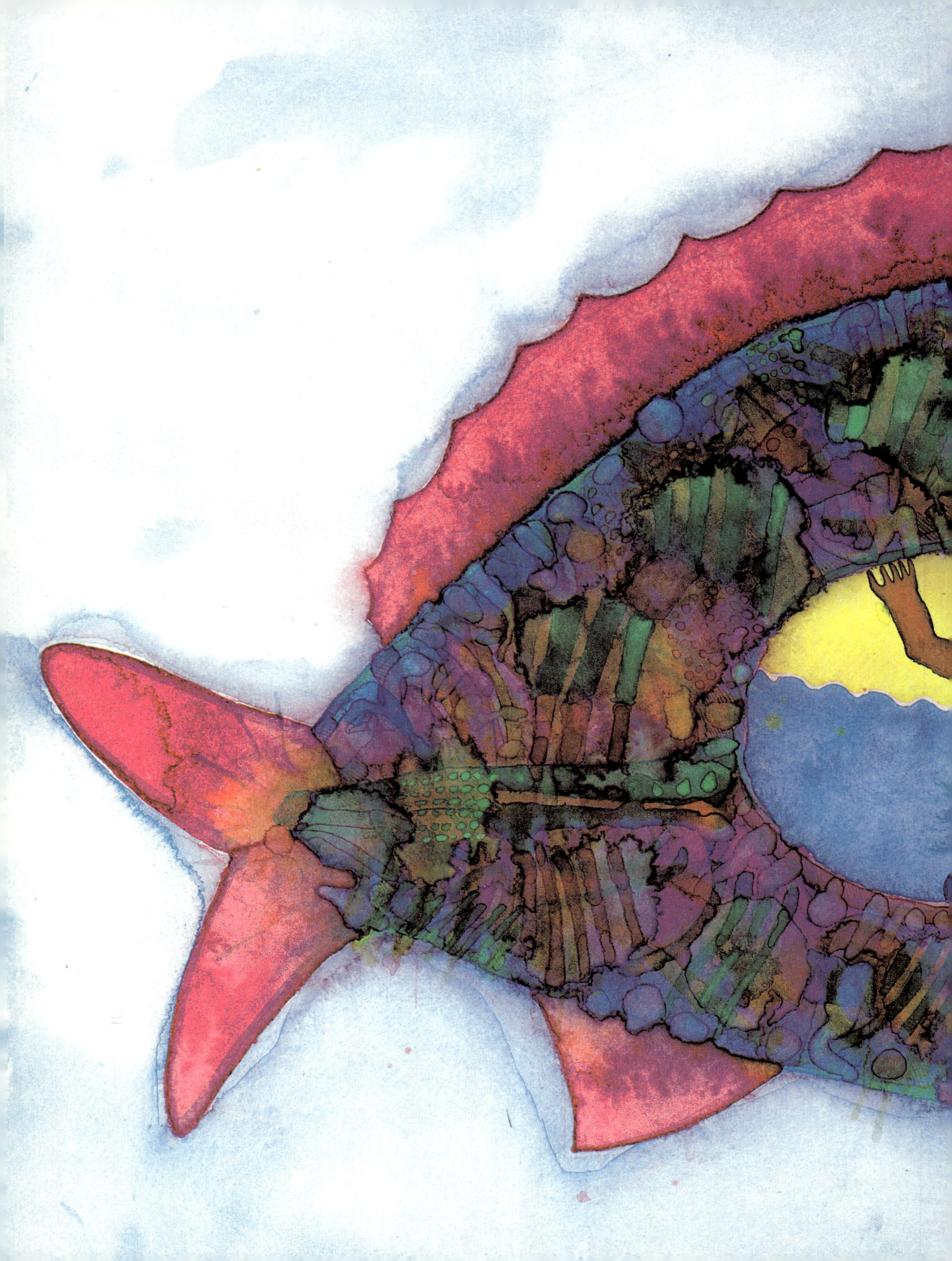

versuchte, einen schottischen Triller zu tanzen. Ganz entsetzlich schrie er auf, und erhob sich fast senkrecht mit seinem halben Leibe aus dem Wasser. Hierdurch ward er aber von dem Volke eines vorbeisegelnden italiänischen Kauffahrteischiffes entdeckt, und in wenigen Minuten mit Harpunen erlegt. Sobald er an Bord gebracht war, hörte ich das Volk sich beratschlagen, wie sie ihn aufschneiden wollten, um die größte Quantität Öl von ihm zu gewinnen. Da ich nun Italiänisch verstand, so geriet ich in die schrecklichste Angst, daß ihre Messer auch mich par compagnie mit aufschneiden möchten. Daher stellte ich mich soviel möglich in die Mitte des Magens, worin für mehr als ein Dutzend Mann hinlänglich Platz war, weil ich mir wohl einbilden konnte, daß sie mit den Extremitäten den Anfang machen würden. Meine Furcht verschwand indessen bald, da sie mit Eröffnung des Unterleibes anfingen. Sobald ich nun nur ein wenig Licht schimmern sah, schrie ich ihnen aus voller Lunge entgegen, wie angenehm es mir wäre, die Herren zu sehen, und durch sie aus einer Lage erlöset zu werden, in welcher ich beinahe erstickt wäre. Unmöglich läßt sich das Erstaunen auf allen Gesichtern lebhaft genug schildern, als sie eine Menschenstimme aus einem Fische heraus vernahmen. Dies wuchs natürlicherweise noch mehr, als sie lang und breit einen nackenden Menschen herausspazieren sahen. Kurz, meine Herren, ich erzählte ihnen die ganze Begebenheit, so wie ich sie Ihnen jetzt erzählt habe, worüber sie sich denn alle fast zu Tode verwundern wollten. **N**achdem ich einige Erfrischungen zu mir genommen hatte und in die See gesprungen war, um mich abzuspülen, schwamm ich nach meinen Kleidern, welche ich auch am Ufer ebenso wiederfand, als ich sie gelassen hatte. Soviel ich rechnen konnte, war ich ohngefähr drittehalb Stunden in dem Magen dieser Bestie eingekerkert gewesen.

VIERTES SEEABENTEUER

Als ich noch in türkischen Diensten war, belustigte ich mich öfters in einer Lustbarke auf dem Mare di Marmora, von wo aus man die herrlichste Aussicht auf ganz Konstantinopel, das Seraglio des Großsultans mit eingeschlossen, beherrschet. Eines Morgens, als ich die Schönheit und Heiterkeit des Himmels betrachtete, bemerkte ich ein rundes Ding, ohngefähr wie eine Billardkugel groß, in der Luft, von welchem noch etwas anderes herunterhing. Ich griff sogleich nach meiner besten und längsten Vogelflinte, ohne welche, wenn ich's ändern kann, ich niemals ausgehe, oder ausreise, lud sie mit einer Kugel, und feuerte nach dem runden Dinge in der Luft; allein umsonst. Ich wiederholte den Schuß mit zwei Kugeln, richtete aber noch nichts aus. Erst der dritte Schuß, mit vier oder fünf Kugeln, machte an einer Seite ein Loch und brachte das Ding herab. Stellen Sie sich meine Verwunderung vor, als ein niedlich vergoldeter Wagen, hängend an einem ungeheueren Ballon, größer als die größte Turmkuppel im Umfange, ohngefähr zwei Klafter weit von meiner Barke heruntersank. In dem Wagen befand sich ein Mann und ein halbes Schaf, welches gebraten zu sein schien. Sobald sich mein erstes Erstaunen gelegt hatte, schloß ich mit meinen Leuten um diese seltsame Gruppe einen dichten Kreis. **D**em Manne,

der wie ein Franzose aussah, welches er denn auch war, hingen aus jeder Tasche ein paar prächtige Uhrketten mit Berlocken, worauf, wie mich dünkt, große Herren und Damen abgemalt waren. Aus jedem Knopfloche hing ihm eine goldene Medaille wenigstens hundert Dukaten am Wert, und an jeglichem seiner Finger steckte ein kostbarer Ring mit Brillanten. Seine Rocktaschen waren mit vollen Goldbörsen beschwert, die ihn fast zur Erde zogen. ›Mein Gott‹, dachte ich, ›der Mann muß dem menschlichen Geschlechte außerordentlich wichtige Dienste geleistet haben, daß die großen Herren und Damen, ganz wider ihre heutzutage so allgemeine Knickernatur, ihn so mit Geschenken, die es zu sein schienen, beschweren konnten.‹ Bei allen dem befand er sich denn doch gegenwärtig von dem Falle so übel, daß er kaum imstande war, ein Wort hervorzubringen. Nach einiger Zeit erholte er sich wieder, und stattete folgenden Bericht ab. »Dieses Luftfuhrwerk hatte ich zwar nicht Kopf und Wissenschaft genug selbst zu erfinden, dennoch aber mehr denn überflüssige Luftspringer- und Seiltänzerwaghalsigkeit zu besteigen, und darauf mehrmalen in die Luft emporzufahren. Vor ohngefähr sieben oder acht Tagen – denn ich habe meine Rechnung verloren – erhob ich mich damit auf der Landspitze von Cornwall in England und nahm ein Schaf mit, um von oben herab vor den Augen vieler tausend Nachgaffer Kunststücke damit zu machen. Unglücklicherweise drehete sich der Wind innerhalb zehn Minuten nach meinem Hinaufsteigen; und anstatt mich nach Exeter zu treiben, wo ich wieder zu landen gedachte, ward ich hinaus nach der See getrieben, über welcher ich auch vermutlich die ganze Zeit her in der unermeßlichsten Höhe geschwebet habe. **E**s war gut, daß ich zu meinem Kunststückchen mit dem Schafe nicht hatte gelangen können. Denn am dritten Tage meiner Luftfahrt, wurde mein Hunger so groß, daß ich mich genötigt sah, das Schaf zu schlachten. Als ich nun damals unendlich hoch über dem Monde war, und nach einer sechzehnstündigen noch weitern Auffahrt endlich der Sonne so nahe kam, daß ich mir die Augenbraunen versengte, so legte ich das tote Schaf, nachdem ich es vorher abgehäutet, an denjenigen Ort im Wagen, wo die Sonne die meiste Kraft hatte, oder mit andern Worten, wo der Ballon keinen Schatten hinwarf, auf welche Weise es denn in ohngefähr drei viertel Stunden völlig gar briet. Von diesem Braten habe ich die ganze Zeit her gelebt.« – Hier hielt mein Mann ein, und schien sich in Betrachtung der Gegenstände um ihn her zu vertiefen. Als ich ihm sagte, daß die Gebäude da vor uns das Seraglio des Großherrn zu Konstantinopel wären, so schien er außerordentlich bestürzt, indem er sich ganz woanders zu befinden geglaubt hatte. »Die Ursache meines langen Fluges«, fügte er endlich hinzu, »war, daß mir ein Faden zerriß, der an einer Klappe in dem Luftballe saß, und dazu diente, die inflammable Luft herauszulassen. Wäre nun nicht auf den Ball gefeuert und derselbe dadurch aufgerissen worden, so möchte er wohl, wie Mahomet, bis an den Jüngsten Tag zwischen Himmel und Erde geschwebt haben.« Den Wagen schenkte er hierauf großmütig meinem Bootsmanne, der hinten am Steuer stand. Den Hammelsbraten warf er ins Meer. Was aber den Luftball anlangte, so war der von dem Schaden, welchen ich ihm zugefügt hatte, im

Herabfallen vollends ganz und gar zu Stücken zerrissen.

FÜNFTES SEEABENTEUER

Da wir noch Zeit haben, meine Herren, eine frische Flasche auszutrinken, so will ich Ihnen noch eine andere sehr seltsame Begebenheit erzählen, die mir wenige Monate vor meiner letzten Rückreise nach Europa begegnete. **D**er Großherr, welchem ich durch die römisch- und russisch-kaiserlichen, wie auch französischen Botschafter vorgestellet worden war, bediente sich meiner, ein Geschäft von großer Wichtigkeit zu Großkairo zu betreiben, welches zugleich so beschaffen war, daß es immer und ewig ein Geheimnis bleiben mußte. **I**ch reisete mit großem Pompe in einem sehr zahlreichen Gefolge zu Lande ab. Unterweges hatte ich Gelegenheit, meine Dienerschaft mit einigen sehr brauchbaren Subjekten zu vermehren. Denn als ich kaum einige Meilen weit von Konstantinopel entfernt sein mochte, sah ich einen kleinlichen schmächtigen Menschen mit großer Schnelligkeit querfeldein daherlaufen, und gleich-

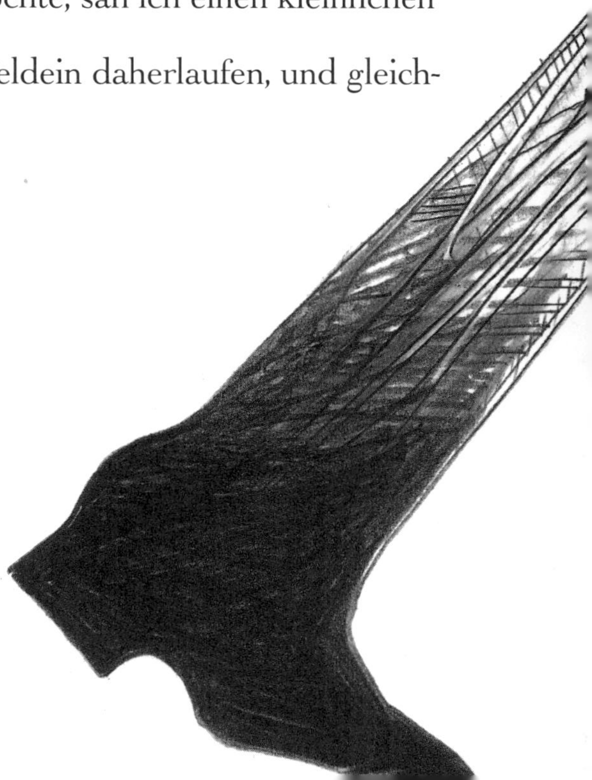

wohl trug das Männchen an jedem Beine ein bleiernes Gewicht, an die funfzig Pfund schwer. Verwunderungsvoll über diesen Anblick rief ich ihn an, und fragte: »Wohin, wohin so schnell, mein Freund? Und warum erschwerst du dir deinen Lauf durch eine solche Last?« – »Ich lief«, versetzte der Läufer, »seit einer halben Stunde aus Wien, wo ich bisher bei einer vornehmen Herrschaft in Diensten stand, und heute meinen Abschied nahm. Ich gedenke nach Konstantinopel, um daselbst wieder anzukommen. Durch die Gewichte an meinen Beinen habe ich meine Schnelligkeit, die jetzt nicht nötig ist, ein wenig mindern wollen. Denn ›Moderata durant‹ pflegte weiland mein Präzeptor zu sagen.« – Dieser Asahel gefiel mir nicht übel; ich fragte ihn, ob er bei mir in Dienste treten wollte, und er war dazu bereit. Wir zogen hierauf weiter durch manche Stadt, durch manches Land. Nicht fern vom Wege auf einem schönen Grasrain lag mäuschenstill ein Kerl, als ob er schliefe. Allein das tat er nicht. Er hielt vielmehr sein Ohr so aufmerksam zur Erde, als hätte er die Einwohner der untersten Hölle behorchen wollen. – »Was horchst du da, mein Freund?« – »Ich horche da zum Zeitvertreibe auf das Gras, und höre, wie es wächst.« – »Und kannst du das?« – »Oh, Kleinigkeit!« – »So tritt in meine Dienste, Freund, wer weiß, was es bisweilen nicht zu horchen geben kann.« – Mein Kerl sprang auf und folgte mir. Nicht weit davon auf einem Hügel stand mit angelegtem Gewehr ein Jäger und knallte in die blaue leere Luft. – »Glück zu, Glück zu, Herr Weidmann! Doch wonach schießest du? Ich sehe nichts als blaue leere Luft.« – »Oh ich versuche nur dies neue Kuchenreutersche Gewehr. Dort auf der Spitze des Münsters zu Straßburg saß ein Sperling, den schoß ich eben jetzt herab.« Wer meine Passion für das edle Weid- und Schützenwerk kennt, den wird es nicht wundernehmen, daß ich dem vortrefflichen Schützen

sogleich um den Hals fiel. Daß ich nichts sparte, auch ihn in meine Dienste zu ziehen, versteht sich von selbst. Wir zogen darauf weiter durch manche Stadt, durch manches Land, und kamen endlich vor dem Berge Libanon vorbei. Daselbst vor einem großen Zedernwalde stand ein derber untersetzter Kerl, und zog an einem Stricke, der um den ganzen Wald herumgeschlungen war. »Was ziehst du da, mein Freund?« fragte ich den Kerl. – »Oh, ich soll Bauholz holen, und habe meine Axt zu Hause vergessen. Nun muß ich mir so gut helfen, als es angehen will.« Mit diesen Worten zog er in einem Ruck den ganzen Wald, bei einer Quadratmeile groß, wie einen Schilfbusch vor meinen Augen nieder. Was ich tat, das läßt sich raten. Ich hätte den

Kerl nicht fahrenlassen, und hätte er mir meinen ganzen Ambassadeurgehalt gekostet. Als ich hierauf fürbaß und endlich auf ägyptischen Grund und Boden kam, erhob sich ein so ungeheuerer Sturm, daß ich mit allen meinen Wagen, Pferden und Gefolge schier umgerissen und in die Luft davongeführt zu werden fürchtete. Zur linken Seite unseres Weges standen sieben Windmühlen in einer Reihe, deren Flügel so schnell um ihre Achsen schwirrten, als ein Rockenspindel der schnellsten Spinnerin. Nicht weit davon zur Rechten stand ein Kerl, von Sir John Falstaffs Korpulenz, und hielt sein rechtes Nasenloch mit seinem Zeigefinger zu. Sobald der Kerl unsere Not und uns so kümmerlich in diesem Sturme haspeln sah, drehete er sich halb um, machte Fronte gegen uns, und zog ehrerbietig, wie ein Musketier vor seinem Obersten, den Hut vor mir ab. Auf einmal regte sich kein Lüftchen mehr, und alle sieben Windmühlen standen plötzlich still. Erstaunt über diesen Vorfall, der nicht natürlich zuzugehen schien, schrie ich dem Unhold zu: »Kerl, was ist das? Sitzt dir der Teufe im Leibe, oder bist du der Teufel selbst?« »Um Vergebung, Ihro Exzellenz!« antwo

tete mir der Mensch; »ich mache da nur meinem Herrn, dem Windmüller, ein wenig Wind. Um nun die sieben Windmühlen nicht ganz und gar umzublasen, mußte ich mir wohl das eine Nasenloch zuhalten.« – ›Ei, ein vortreffliches Subjekt!‹ dachte ich in meinem stillen Sinn. ›Der Kerl läßt sich gebrauchen, wenn du dereinst zu Hause kommst, und dir's an Atem fehlt, alle die Wunderdinge zu erzählen, die dir auf deinen Reisen zu Land und Wasser aufgestoßen sind.‹ Wir wurden daher bald des Handels eins. Der Windmacher ließ seine Mühlen stehen und folgte mir. **N**achgerade war's nun Zeit in Großkairo anzulangen. Sobald ich daselbst meinen Auftrag nach Wunsch ausgerichtet hatte, gefiel es mir, mein ganzes unnützes Gesandtengefolge, außer meinen neuangenommenen nützlichen Subjekten zu verabschieden und mit diesen als ein bloßer Privatmann zurückzureisen. Da nun das Wetter gar herrlich und der berufene Nilstrom über alle Beschreibung reizend war, so geriet ich in Versuchung eine Barke zu mieten, und bis Alexandrien zu Wasser zu reisen. Das ging nun ganz vortrefflich, bis in den dritten Tag. Sie haben, meine Herren, vermutlich schon mehrmals von den jährlichen Überschwemmungen des Nils gehört. Am dritten Tage, wie gesagt, fing der Nil ganz unbändig an zu schwellen, und am folgenden Tage war links und rechts das ganze Land viele Meilen weit und breit überschwemmet. Am fünften Tage nach Sonnenuntergang verwickelte sich meine Barke auf einmal in etwas, das ich für Ranken und Strauchwerk hielt. Sobald es aber am nächsten Morgen heller ward, fand ich mich überall von Mandeln umgeben, welche vollkommen reif und ganz vortrefflich waren. Als wir das Senkblei auswarfen, fand sich, daß wir wenigstens sechzig Fuß hoch über dem Boden schwebten, und schlechterdings weder vor- noch rückwärts konnten. Ohngefähr gegen acht oder neun Uhr, soviel ich aus

der Höhe der Sonne abnehmen konnte, erhob sich ein plötzlicher Wind, der unsere Barke ganz auf eine Seite umlegte. Hiedurch schöpfte sie Wasser, sank unter, und ich hörte und sah in langer Zeit nichts wieder davon, wie Sie gleich vernehmen werden. Glücklicherweise retteten wir uns insgesamt, nämlich acht Männer und zwei Knaben, indem wir uns an den Bäumen festhielten, deren Zweige zwar für uns, allein nicht für die Last unserer Barke hinreichten. In dieser Situation verblieben wir drei Wochen und drei Tage, und lebten ganz allein von Mandeln. Daß es am Trunke nicht fehlte, verstehet sich von selbst. Am zweiundzwanzigsten Tage unsers Unsterns fiel das Wasser wieder ebensoschnell, als es gestiegen war; und am sechsundzwanzigsten konnten wir wieder auf Terra firma fußen. Unsere Barke war der erste angenehme Gegenstand, den wir erblickten. Sie lag ohngefähr zweihundert Klafter weit von dem Orte, wo sie gesunken war. Nachdem wir nun alles, was uns nötig und nützlich war, an der Sonne getrocknet hatten, so versahen wir uns mit den Notwendigkeiten aus unserm Schiffsvorrat, und machten uns auf, unsere verlorne Straße wiederzugewinnen. Nach der genauesten Berechnung fand sich, daß wir an die hundertfunfzig Meilen weit über Gartenwände und mancherlei Gehege hinweggetrieben waren. In sieben Tagen erreichten wir den Fluß, der nun wieder in seinem Bette strömte, und erzählten unser Abenteuer einem Bei. Liebreich half dieser allen unsern Bedürfnissen ab, und sendete uns in einer von seinen eigenen Barken weiter. In ohngefähr sechs Tagen langten wir zu Alexandrien an, allwo wir uns nach Konstantinopel einschifften. Ich wurde von dem Großherrn überaus gnädig empfangen, und hatte die Ehre, seinen Harem zu sehen, wo seine Hoheit selbst mich hineinzuführen, und so viele Damen, selbst die Weiber nicht ausgenommen, anzubieten geruheten, als ich mir nur immer zu meinem Vergnügen auslesen wollte. **M**it meinen Liebesabenteuern pflege ich nie großzutun, daher wünsche ich Ihnen, meine Herren, jetzt insgesamt eine angenehme Ruhe.

SECHSTES SEEABENTEUER

Nach Endigung der ägyptischen Reisegeschichte wollte der Baron aufbrechen, und zu Bette gehen, gerade als die erschlaffende Aufmerksamkeit jedes Zuhörers bei Erwähnung des Großherrlichen Harems in neue Spannung geriet. Sie hätten gar zu gern noch etwas von dem Harem gehört. Da aber der Baron sich durchaus nicht darauf einlassen, und gleichwohl der mit Bitten auf ihn losstürmenden muntern Zuhörerschaft nicht alles abschlagen wollte, so gab er noch einige Stückchen seiner merkwürdigen Dienerschaft zum besten, und fuhr in seiner Erzählung also fort.

Bei dem Großsultan galt ich seit meiner ägyptischen Reise alles in allem. Seine Hoheit konnten gar ohne mich nicht leben, und baten mich jeden Mittag und Abend bei sich zum Essen. Ich muß bekennen, meine Herren, daß der türkische Kaiser unter allen Potentaten auf Erden den delikatesten Tisch führet. Jedoch ist dies nur von den Speisen, nicht aber von dem Getränke zu verstehen, da, wie Sie wissen werden, Mahomets Gesetz seinen Anhängern den Wein verbietet. Auf ein gutes Glas Wein muß man also an öffentlichen türkischen Tafeln Verzicht tun. Was indessen gleich nicht öffentlich geschieht, das geschieht doch nicht selten heimlich; und des Verbots ungeachtet, weiß mancher Türk' so gut, als der beste deutsche Prälat, wie ein gutes Glas Wein schmeckt. Das war nun auch der Fall mit Seiner türkischen Hoheit. Bei der öffentlichen Tafel, an welcher gewöhnlich der türkische Generalsuperintendent, nämlich der Mufti, in partem salarii mitspeisete und vor Tische das: *Aller Augen* – nach Tische aber das *Gratias* beten mußte, wurde des Weines auch nicht mit einer einzigen Silbe gedacht. Nach aufgehobener Tafel aber wartete auf Seine Hoheit gemeiniglich ein gutes Fläschchen im Kabinette. Einst gab der Großsultan mir einen verstohlenen freundlichen Wink, ihm in sein Kabinett zu folgen. Als wir uns nun daselbst eingeschlossen hatten, holte er aus einem Schränkchen eine Flasche hervor, und sprach: »Münchhausen, ich weiß ihr Christen versteht euch auf ein gutes Glas Wein. Da habe ich noch ein einziges Fläschchen Tokaier. So delikat müßt Ihr ihn in Eurem Leben nicht getrunken haben.« Hierauf schenkten Seine Hoheit sowohl mir als sich eins ein, und stießen mit mir an. – »Nun was sagt Ihr? Gelt! es ist was Extrafeines?« – »Das Weinchen ist gut, Ihro Hoheit«, erwiderte ich; »allein mit Ihrem Wohlnehmen muß ich doch sagen, daß ich ihn in Wien beim Hochseligen Kaiser Karl dem Sechsten weit besser getrunken habe. Potz Stern! den sollten Ihro Hoheit einmal versuchen.« – »Freund Münchhausen, Euer Wort in Ehren!

Allein es ist unmöglich, daß irgendein Tokaier besser sei. Denn ich bekam einst nur dies eine Fläschchen von einem ungarischen Kavalier, und er tat ganz verzweifelt rar damit.« – »Possen, Ihro Hoheit! Tokaier und Tokaier ist ein großmächtiger Unterschied. Die Herren Ungarn überschenken sich eben nicht. Was gilt die Wette, so schaffe ich Ihnen in Zeit einer Stunde geradesweges und unmittelbar aus dem Kaiserlichen Keller eine Flasche Tokaier, die aus ganz andern Augen sehen soll.« – »Münchhausen, ich glaube Ihr faselt.« – »Ich fasele nicht. Geradesweges aus dem Kaiserlichen

Keller in Wien schaffe ich Ihnen in Zeit von einer Stunde eine Flasche Tokaier von einer ganz andern Nummer, als dieser Krätzer hier.« – »Münchhausen, Münchhausen! Ihr wollt mich zum besten haben, und das verbitte ich mir. Ich kenne Euch zwar sonst als einen überaus wahrhaften Mann, allein – jetzt sollte ich doch fast denken, Ihr flunkertet.« – »Ei nun, Ihro Hoheit! Es kommt ja auf die Probe an. Erfülle ich nicht mein Wort – denn von allen Aufschneidereien bin ich der abgesagteste Feind – so lassen Ihro Hoheit mir den Kopf abschlagen. Allein mein Kopf ist kein Pappenstiel. Was setzen Sie mir dagegen?« – »Topp! Ich halte Euch beim Worte. Ist auf den Schlag vier nicht die Flasche Tokaier hier, so kostet's Euch ohne Barmherzigkeit den

Kopf. Denn foppen lasse ich mich auch von meinen besten Freunden nicht. Besteht Ihr aber, wie Ihr versprecht, so könnet Ihr aus meiner Schatzkammer so viel an Gold, Silber, Perlen und Edelgesteinen nehmen, als der stärkste Kerl davonzuschleppen vermag.« – »Das läßt sich hören!« antwortete ich, bat mir gleich Feder und Dinte aus, und schrieb an die Kaiserin-Königin Maria Theresia folgendes Billet: »**I**hre Majestät haben ohnstreitig als Universalerbin auch Ihres Höchstseligen Herren Vaters Keller mitgeerbt. Dürfte ich mir wohl durch Vorzeigern dieses eine Flasche von dem Tokaier ausbitten, wie ich ihn bei Ihrem Herren Vater oft getrunken habe? Allein von dem besten! Denn es gilt eine Wette. Ich diene gern dafür wieder, wo ich kann, und beharre übrigens usw.« **D**ies Billet gab ich, weil es schon fünf Minuten über drei Uhr war, nun sogleich offen meinem Läufer, der seine Gewichte abschnallen und sich unverzüglich auf die Beine nach Wien machen mußte. Hierauf tranken wir, der Großsultan und ich, den Rest von seiner Flasche in Erwartung des bessern vollends aus. Es schlug ein Viertel, es schlug halb, es schlug drei Viertel auf vier, und noch war kein Läufer zu hören und zu sehen. Nachgerade, gestehe ich, fing mir an ein wenig schwul zu werden; denn es kam mir vor, als blickten Seine Hoheit schon bisweilen

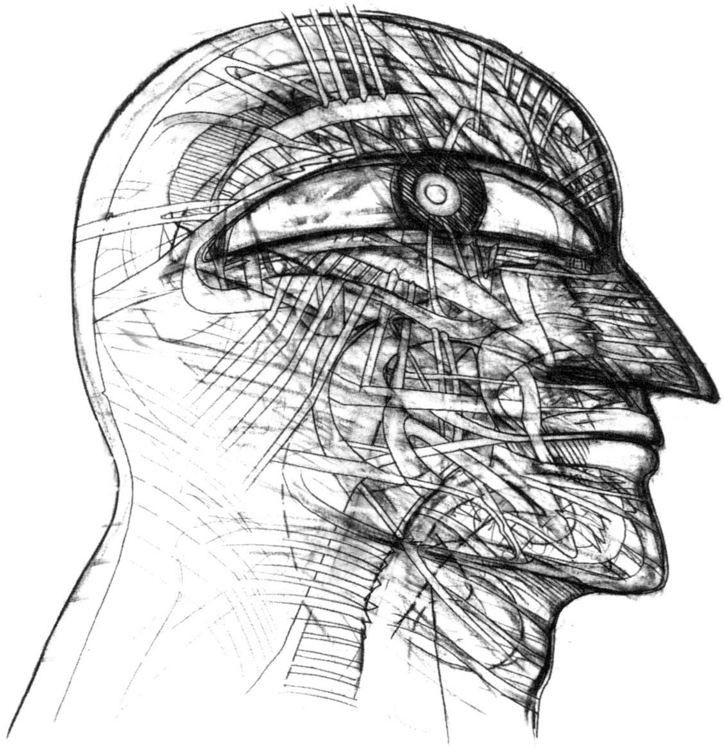

nach der Glockenschnur, um nach dem Scharfrichter zu klingeln. Noch erhielt ich zwar Erlaubnis, einen Gang hinaus in den Garten zu tun, um frische Luft zu schöpfen, allein es folgten mir auch schon ein paar dienstbare Geister nach, die mich nicht aus den Augen ließen. In dieser Angst, und als der Zeiger schon auf fünfundfunfzig Minuten stand, schickte ich noch geschwind nach meinem Horcher und Schützen. Sie kamen unverzüglich an, und der Horcher mußte sich platt auf die Erde niederlegen, um zu hören, ob nicht mein Läufer endlich ankäme. Zu meinem nicht geringen Schrecken meldete er mir, daß der Schlingel irgendwo, allein weit weg von hier,

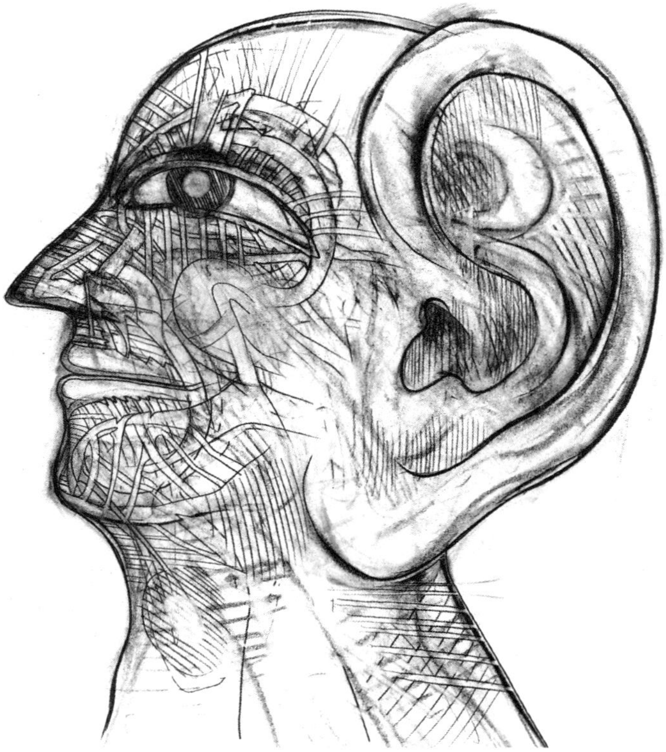

im tiefsten Schlafe läge, und aus Leibeskräften schnarchte. Dies hatte mein braver Schütze nicht sobald gehört, als er auf eine etwas hohe Terrasse lief und, nachdem er sich auf seine Zehen noch mehr emporgereckt hatte, hastig ausrief: »Bei meiner armen Seele! Da liegt der Faulenzer unter einer Eiche bei Belgrad und die Flasche neben ihm. Wart! Ich will dich aufkitzeln.« – Und hiermit legte er unverzüglich seine Kuchenreutersche Flinte an den Kopf, und schoß die volle Ladung oben in den Wipfel des Baumes. Ein Hagel von Eicheln, Zweigen und Blättern fiel herab auf den Schläfer, erweckte und brachte ihn, da er selbst fürchtete, die Zeit beinahe verschlafen zu haben, dermaßen geschwind auf die Beine, daß er mit seiner Flasche, und einem eigenhändigen Billet von Maria Theresia, um 59½ Minuten auf vier Uhr vor des Sultans Kabinette anlangte. Das war ein Gaudium! Ei, wie schlürfte das Großherrliche Leckermaul! – »Münchhausen«, sprach er, »Ihr müßt es mir nicht übelnehmen, wenn ich diese Flasche für mich allein behalte. Ihr steht in Wien besser, als ich; Ihr werdet schon an noch mehr zu kommen wissen.« – Hiermit schloß er die Flasche in sein Schränkchen, steckte den Schlüssel in die Hosentasche, und klingelte nach

dem Schatzmeister. – O welch ein angenehmer Silberton meinen Ohren! – »Ich muß euch nun die Wette bezahlen.« – »Hier!« – sprach er zum Schatzmeister, der ins Zimmer trat, – »laßt meinem Freunde Münchhausen so viel aus der Schatzkammer verabfolgen, als der stärkste Kerl wegzutragen vermag.« Der Schatzmeister neigte sich vor seinem Herrn bis mit der Nase zur Erde, mir aber schüttelte der Großsultan ganz treuherzig die Hand, und so ließ er uns beide gehen. **I**ch säumte nun, wie Sie denken können, meine Herren, keinen Augenblick, die erhaltene Assignation geltend zu machen, ließ meinen Starken mit seinem langen hänfenen Stricke kommen, und verfügte mich in die Schatzkammer. Was da mein Starker, nachdem er sein Bündel geschnürt hatte, übrigließ, das werden Sie wohl schwerlich holen wollen. Ich eilte mit meiner Beute geradesweges nach dem Hafen, nahm dort das größte Lastschiff, das zu bekommen war, in Beschlag, und ging wohlbepackt mit meiner ganzen Dienerschaft unter Segel, um meinen Fang in Sicherheit zu bringen, ehe was Widriges dazwischenkam. Was ich befürchtet hatte, das geschah. Der Schatzmeister hatte Tür und Tor von der Schatzkammer offengelassen – und freilich war's nicht groß mehr nötig, sie zu verschließen – war über Hals und Kopf zum Großsultan gelaufen, und hatte ihm Bericht abgestattet, wie vollkommen wohl ich seine Assignation genutzt hatte. Das war denn nun dem Großsultan nicht wenig vor den Kopf gefahren. Die Reue über seine Übereilung konnte nicht lange ausbleiben. Er hatte daher gleich dem Großadmiral befohlen, mit der ganzen Flotte hinter mir herzueilen, und mir zu insinuieren, daß wir so nicht gewettet hätten. Als ich daher noch nicht zwei Meilen weit in die See war, so sah ich schon die ganze türkische Kriegsflotte mit vollen Segeln hinter mir herkommen, und ich muß gestehen, daß mein Kopf, der kaum wieder fest geworden war, nicht wenig von neuem anfing zu wackeln. Allein nun war mein Windmacher bei der Hand und sprach: »Lassen sich Ihro Exzellenz nicht

bange sein!« Er trat hierauf auf das Hinterverdeck meines Schiffes, so daß sein eines Nasenloch nach der türkischen Flotte, das andere aber auf unsere Segel gerichtet war, und blies eine so hinlängliche Portion Wind, daß die Flotte an Masten, Segel- und Tauwerk gar übel zugerichtet, nicht nur bis in den Hafen zurückgetrieben, sondern auch mein Schiff in wenig Stunden glücklich nach Italien getrieben ward. Von meinem Schatze kam mir jedoch wenig zugute. Denn in Italien ist, trotz der Ehrenrettung des Herrn Bibliothekar Jageman in Weimar*, Armut und Bettelei so groß, und die Polizei so schlecht, daß ich erstlich, weil ich vielleicht eine allzu gutwillige

* S. deutsches Museum 1786.

Seele bin, den größten Teil an die Straßenbettler ausspenden mußte. Der Rest aber wurde mir auf meiner Reise nach Rom, auf der geheiligten Flur von Loretto, durch eine Bande Straßenräuber abgenommen. Das Gewissen wird diese Herren nicht sehr darüber beunruhigt haben. Denn ihr Fang war noch immer so ansehnlich, daß um den tausendsten Teil die ganze honette Gesellschaft sowohl für sich, als ihre Erben und Erbnehmer, auf alle vergangene und zukünftige Sünden, vollkommenen Ablaß selbst aus der ersten und besten Hand in Rom dafür erkaufen könnte. –

Nun aber, meine Herren, ist in der Tat mein Schlafstündchen da. Schlafen Sie wohl!

SIEBENTES SEEABENTEUER nebst authentischer Lebensgeschichte eines Partisans, der nach der Entfernung des Barons als Sprecher auftritt Nach Endigung des vorigen Abenteuers, ließ sich der Baron nicht länger halten, sondern brach wirklich auf, und verließ die Gesellschaft in der besten Laune. Doch versprach er erst die Abenteuer seines Vaters, auf die seine Zuhörer noch immer spannten, ihnen nebst manchen andern merkwürdigen Anekdoten bei der ersten besten Gelegenheit zu erzählen. **A**ls sich nun jedermann nach seiner Weise über die Unterhaltung herausließ, die er soeben verschafft hatte, so bemerkte einer von der Gesellschaft, ein Partisan des Barons, der ihn auf seiner Reise in die Türkei begleitet hatte, daß unweit Konstantinopel ein ungeheuer großes Geschütz befindlich sei, dessen der Baron *Tott* in seinen neulich herausgekommenen Denkwürdigkeiten ganz besonders erwähnet. Was er davon meldet, ist, soviel ich mich erinnere, folgendes: Die Türken hatten ohnweit der Stadt über der Zitadelle auf dem Ufer des berühmten Flusses Simois, ein ungeheueres Geschütz aufgepflanzt. Dasselbe war ganz aus Kupfer gegossen, und schoß eine Marmorkugel wenigstens *elfhundert Pfund* an Gewicht. »Ich hatte große Lust«, sagt *Tott,* »es abzufeuern, um erst

aus seiner Wirkung gehörig zu urteilen. Alles Volk um mich her zitterte und bebte, weil es sich versichert hielt, daß Schloß und Stadt davon übern Haufen stürzen würden. Endlich ließ doch die Furcht ein wenig nach, und ich bekam Erlaubnis, das Geschütz abzufeuern. Es wurden nicht weniger, als *dreihundertunddreißig Pfund Pulver* dazu erfordert, und die Kugel wog, wie ich vorhin sagte, *elfhundert Pfund.* Als der Kanonier mit dem Zünder ankam, zog sich der Haufen, der mich umgab, so weit zurück, als er konnte. Mit genauer Not überredete ich den Bassa, der aus Besorgnis herzukam, daß keine Gefahr zu besorgen sei. Selbst dem Kanonier, der es nach meiner Anweisung abfeuern sollte, klopfte vor Angst das Herz. Ich nahm meinen

Platz in einer Mauerschanze hinter dem Geschütz, gab das Zeichen und fühlte einen Stoß, wie von einem Erdbeben. In einer Entfernung von dreihundert Klaftern zersprang die Kugel in drei Stücke; diese flogen über die Meerenge, prallten von dem Wasser empor an die gegenseitigen Berge, und setzten den ganzen Kanal, so breit er war, in einen Schaum.« **D**ies, meine Herren, ist, soviel ich mich erinnere, Baron *Totts* Nachricht von der größten Kanone in der bekannten Welt. Als nun der Herr von Münchhausen und ich jene Gegend besuchten, wurde die Abfeuerung dieses ungeheueren Geschützes durch den Baron *Tott* uns als ein Beispiel der außerordentlichen Herzhaftigkeit dieses Herrn erzählt. **M**ein Gönner, der es durchaus nicht vertragen konnte, daß ein Franzose ihm etwas zuvorgetan haben sollte, nahm ebendieses Geschütz auf seine Schulter, sprang, als er's in seine eigentliche waagrechte Lage gebracht hatte, geradesweges ins Meer, und schwamm damit an die gegenseitige Küste. Von dort aus versuchte er unglücklicherweise die Kanone auf ihre vorige Stelle zurückzuwerfen. Ich sage, unglücklicherweise! denn sie glitt ihm ein wenig zu früh aus der Hand, gerade als er zum Wurf ausholte. Hierdurch geschah es denn, daß sie mitten in den Kanal fiel, wo sie nun noch liegt, und wahrscheinlich bis an den

Jüngsten Tag liegenbleiben wird. **D**ies, meine Herren, war es eigentlich, womit es der Herr Baron bei dem Großsultan ganz und gar verdarb. Die Schatzhistorie, der er vorhin seine Ungnade beimaß, war längst vergessen. Denn der Großsultan hat ja genug einzunehmen, und konnte seine Schatzkammer bald wieder füllen. Auch befand der Herr Baron, auf eine eigenhändige Wiedereinladung des Großsultans, sich erst jetzt zum letzten Male in der Türkei; und wäre vielleicht wohl noch da, wenn der Verlust dieses berüchtigten Geschützes den grausamen Türken nicht so aufgebracht hätte, daß er nun unwiderruflich den Befehl gab, dem Baron den Kopf abzuschlagen. Eine gewisse Sultanin aber, von welcher er ein großer Liebling geworden war, gab ihm nicht nur unverzüglich von diesem blutgierigen Vorhaben Nachricht, sondern verbarg ihn auch so lange in ihrem eigenen Gemache, als der Offizier, dem die Exekution aufgetragen war, mit seinen Helfershelfern nach ihm suchte. In der nächstfolgenden Nacht flüchteten wir an den Bord eines nach Venedig bestimmten Schiffes, welches gerade im Begriffe war unter Segel zu gehen, und kamen glücklich davon. **D**ieser Begebenheit erwähnt der Baron nicht gern, weil ihm da sein Versuch mißlang, und er noch dazu um ein Haar sein Leben obendrein verloren hätte.

Da sie gleichwohl ganz und gar nicht zu seiner Schande gereicht, so pflege ich sie wohl bisweilen hinter seinem Rücken zu erzählen. **N**un, meine Herren, kennen Sie insgesamt den Herrn Baron von Münchhausen und werden hoffentlich an seiner Wahrhaftigkeit im mindesten nicht zweifeln. Damit Ihnen aber auch kein Zweifel gegen die meinige zu Kopfe steige, ein Umstand, den ich so schlechtweg eben nicht voraussetzen mag, so muß ich Ihnen doch ein wenig sagen, wer ich bin. **M**ein Vater, oder wenigstens derjenige, welcher dafür gehalten wurde, war von Geburt ein Schweizer, aus Bern. Er führte daselbst eine Art von Oberaufsicht über Straßen, Alleen, Gassen und Brücken. Diese Beamten heißen dortzulande – hm! – *Gassenkehrer*. Meine Mutter war aus den savoyschen Gebirgen gebürtig, und trug einen überaus schönen großen Kropf am Halse, der bei den Damen jener Gegend etwas sehr Gewöhnliches ist. Sie verließ ihre Eltern sehr jung, und ging ihrem Glücke in ebender Stadt nach, wo mein Vater das Licht der Welt erblickt hatte. Solange sie noch ledig war, gewann sie ihren Unterhalt durch allerlei Liebeswerke an unserm Geschlechte. Denn man weiß, daß sie es niemals abschlug, wenn man sie um eine Gefälligkeit ansprach, und besonders ihr mit gehöriger Höflichkeit in der Hand zuvorkam. Dieses liebenswürdige Paar begegnete einander von ohngefähr auf der Straße, und da sie beiderseits ein wenig berauscht waren, so taumelten sie gegeneinander, und taumelten sich alle beide über den Haufen. Wie sich nun bei dieser Gelegenheit ein Teil immer noch unnützer machte als der andere, und das Ding zu laut wurde, so wurden sie alle beide erst in die Scharwache, hernach aber in das Zuchthaus geschleppt. Hier sahen sie bald die Torheit ihrer Zänkerei ein, machten alles wieder gut, verliebten sich und heuerateten einander. Da aber meine Mutter zu ihren

alten Streichen zurückkehrte, so trennte mein Vater, der gar hohe Begriffe von Ehre hatte, sich ziemlich bald von ihr, und wies ihr die Revenuen von einem Tragkorbe zu ihrem künftigen Unterhalte an. Sie vereinigte sich hierauf mit einer Gesellschaft, die mit einem Puppenspiel umherzog. Mit der Zeit führte sie das Schicksal nach Rom, wo sie eine Austernbude hielt. **S**ie haben ohnstreitig insgesamt von dem Papst Ganganelli, oder Clemens XIV., und wie gern dieser Herr Austern aß, gehört. Eines Freitags, als derselbe in großem Pompe nach der St.-Peters-Kirche zur hohen Messe durch die Stadt zog, sah er meiner Mutter Austern (welche, wie sie mir oft erzählt hat, ausnehmend schön und frisch waren) und konnte unmöglich vorüberziehen, ohne sie zu versuchen. Nun waren zwar mehr als fünftausend Personen in seinem Gefolge; nichtsdestoweniger aber ließ er sogleich alles stillhalten, und in die Kirche sagen, er könnte vor morgen das Hochamt nicht halten. Sodann sprang er vom Pferde – denn die Päpste reiten allemal bei solchen Gelegenheiten – ging in meiner Mutter Laden, aß erst alles auf, was von Austern daselbst vorhanden war, und stieg hernach mit ihr in den Keller hinab, wo sie noch mehr hatte. Dieses unterirdische Gemach war meiner Mutter Küche, Visitenstube und Schlafkammer zugleich. Hier gefiel es ihm so wohl, daß er alle seine Begleiter fortschickte. Kurz, Seine Heiligkeit brachten die ganze Nacht dort mit meiner Mutter zu. Ehe Dieselben am andern Morgen wieder fortgingen, erteilten sie ihr vollkommenen Ablaß, nicht allein für jede Sünde, die sie schon auf sich hatte, sondern auch für alle diejenigen, womit sie sich etwa künftig noch zu befassen Lust haben möchte. **N**un, meine Herren, habe ich darauf das Ehrenwort meiner Mutter – und wer könnte wohl eine solche Ehre bezweifeln? – daß ich die Frucht jener Austernnacht bin. **Fortgesetzte Erzählung des Freiherrn** Der Baron wurde, wie man sich leicht vorstellen kann, bei jeder Gelegenheit gebeten, seinem Versprechen gemäß in der Erzählung seiner ebenso lehrreichen als unterhaltenden Abenteuer fortzufahren; allein geraume Zeit waren alle Bitten vergebens. Er hatte die sehr löbliche Gewohnheit nichts gegen seine Laune zu tun; und die noch löblichere durch nichts von diesem Grundsatze sich abbringen zu lassen. Endlich aber erschien der lange gewünschte Abend, an dem ein heiteres Lächeln, mit der er die Aufforderungen seiner Freunde anhörte, die sichere Vorbedeutung gab, daß sein Genius ihm gegenwärtig sei, und ihre Hoffnungen erfüllen werde. *Conticuere omnes, intentique ora tenebant** und Münchhausen begann vom

 hochbepolsterten Sofa: Während der letzten Belagerung von Gibraltar segelte ich mit einer Proviantflotte unter Lord *Rodneys* Kommando nach dieser Festung, um meinen alten Freund den General *Eliott* zu besuchen, der durch die ausgezeichnete Verteidigung dieses Platzes sich Lorbeern erworben hat, die nie verwelken können. Sobald die erste Hitze der Freude, die immer mit dem Wiedersehen alter Freunde verbunden ist, sich etwas abgekühlt hatte, ging ich in Begleitung des Generals in der Festung umher, um den Zustand der Besatzung und die Anstalten des Feindes kennenzulernen. Ich hatte aus London ein sehr vortreffliches Spiegelteleskop, das ich von Dollond gekauft hatte, mitgebracht. Durch Hülfe desselben fand ich, daß der

*** Alle schwiegen und lauschten mit unverwendeten Blicken. Virgil.**

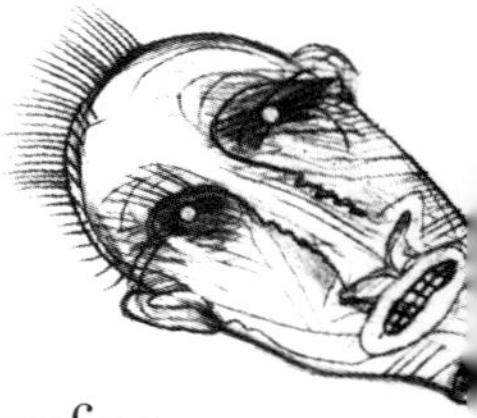

Feind gerade im Begriff war, einen Sechsunddreißigpfünder auf den Fleck abzufeuern, auf dem wir standen. Ich sagte dies dem General; er sah auch durch das Perspektiv, und fand meine Mutmaßung richtig. – Auf seine Erlaubnis ließ ich sogleich einen Achtundvierzigpfünder von der nächsten Batterie bringen, und richtete ihn – denn was Artillerie betrifft, habe ich, ohne mich zu rühmen, meinen Meister noch nicht gefunden – so genau, daß ich meines Zieles vollkommen gewiß war. **N**un beobachtete ich die Feinde auf das schärfste, bis ich sah, daß sie die Zündrute an das Zündloch ihres Stückes legten, und in demselben Augenblicke gab ich das Zeichen, daß unsere Kanone gleichfalls abgefeuert werden sollte. Ungefähr auf der Mitte des Weges schlugen die beiden Kugeln mit fürchterlicher Stärke gegeneinander, und die Wirkung davon war erstaunend. Die feindliche Kugel prallte mit solcher Heftigkeit zurück, daß sie nicht nur dem Manne, der sie abgeschossen hatte, rein den Kopf wegnahm, sondern auch noch sechzehn andere Köpfe vom Rumpfe schnellte, die ihr auf ihrem Fluge nach der afrikanischen Küste im Wege standen. Ehe sie aber nach der Barbarei kam, fuhr sie durch die Hauptmaste von drei Schiffen, die eben in einer Linie hintereinander im Hafen lagen; und dann flog sie noch gegen zweihun-

dert englische Meilen in das Land hinein, schlug zuletzt durch das Dach einer Bauerhütte, brachte ein altes Mütterchen, die mit offenem Munde auf dem Rücken lag und schlief, um die wenigen Zähne, die ihr noch übrig waren, und blieb endlich in

der Kehle des armen Weibes stecken. Ihr Mann, der bald darauf nach Hause kam, versuchte die Kugel herauszuziehen; da er dies aber unmöglich fand, so entschloß er sich kurz, und stieß sie ihr mit einem Rammer in den Magen hinunter, aus dem sie dann auf dem natürlichen Wege unterwärts abging. Unsere Kugel tat vortreffliche Dienste. Sie trieb nicht nur die andere auf die eben beschriebene Weise zurück, sondern setzte auch, meiner Absicht gemäß, ihren Weg fort, hob dieselbe Kanone, die gerade gegen uns gebraucht worden war, von der Lafette, und warf sie mit solcher Heftigkeit in den Kielraum eines Schiffes, daß sie sogleich den Boden desselben

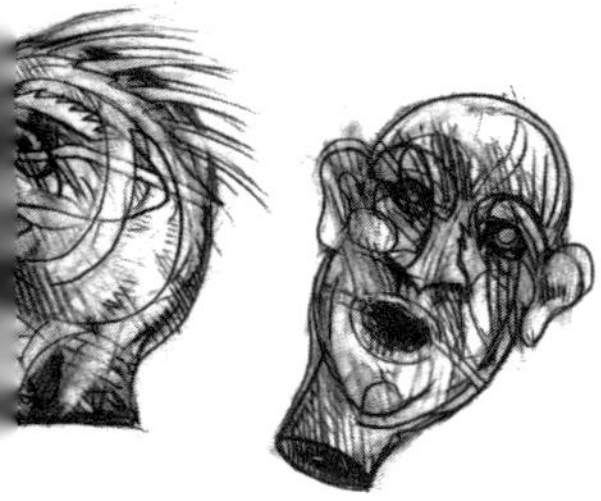

durchschlug. Das Schiff schöpfte Wasser, und sank mit tausend spanischen Matrosen, und einer beträchtlichen Anzahl Soldaten, die sich auf demselben befanden, unter. – Dies war gewiß eine höchst außerordentliche Tat. Ich verlange indes keineswegs sie ganz auf die Rechnung meines Verdienstes zu setzen. Meiner Klugheit kommt freilich die Ehre der ersten Erfindung zu, aber der Zufall unterstützte sie

einigermaßen. Ich fand nämlich nachher, daß unser Achtundvierzigpfünder durch ein Versehen auf eine doppelte Portion Pulver gesetzt war, wodurch allein seine unerwartete Wirkung vorzüglich in Absicht der zurückgeworfenen feindlichen Kugel, begreiflich wird. **G**eneral Eliott bot mir für diesen ausnehmenden Dienst eine Offizierstelle an; ich lehnte aber alles ab, und begnügte mich mit seinem Danke, den er mir denselben Abend an der Tafel in Gegenwart aller Offiziere auf die ehrenvolleste Weise abstattete. **D**a ich sehr für die Engländer eingenommen bin, weil

sie unstreitig ein vorzüglich braves Volk sind, so machte ich mir es zum Gesetze die Festung nicht zu verlassen, bis ich ihnen noch einen Dienst würde geleistet haben; und in ungefähr drei Wochen bot sich mir eine gute Gelegenheit dazu dar. Ich kleidete mich wie ein katholischer Priester, schlich um ein Uhr des Morgens mich aus der Festung weg, und kam glücklich durch die Linien der Feinde mitten in ihrem Lager an. Dort ging ich in das Zelt, in welchem der Graf von Artois mit dem ersten Befehlshaber und verschiedenen andern Offizieren einen Plan entwarfen, die Festung den nächsten Morgen zu stürmen. Meine Verkleidung war mein Schutz. Niemand wies mich zurück, und ich konnte ungestört alles anhören was vorging. Endlich begaben sie sich zu Bette, und nun fand ich das ganze Lager, selbst die Schildwachen, in dem tiefsten Schlafe begraben. Sogleich fing ich meine Arbeit an, hob alle ihre Kanonen, über dreihundert Stück, von den Achtundvierzigpfündern bis zu den Vierundzwanzigpfündern herunter, von den Lafetten, und warf sie drei Meilen weit in die See hinaus. Da ich ganz und gar keine Hülfe hatte, so war dies das schwerste Stück Arbeit, das ich je unternommen hatte, eines etwa ausgenommen, das, wie ich höre, Ihnen neulich in meiner Abwesenheit einer meiner Bekannten zu erzählen für gut fand, da ich nämlich mit dem ungeheueren von dem Baron von *Tott* beschriebenen türkischen Geschütze an das gegenseitige Ufer des Meeres schwamm. – Sobald ich damit fertig war, schleppte ich alle Lafetten und Karren in die Mitte des Lagers, und damit das Rasseln der Räder kein Geräusch machen möchte, so trug ich sie paarweise unter meinen Armen zusammen. – Ein herrlicher Haufe war es, wenigstens so hoch als der Felsen von Gibraltar. – Dann schlug ich mit dem abgebrochenen Stücke eines eisernen Achtundvierzigpfünders an einem Kiesel, der zwanzig Fuß unter der Erde einer noch von den Arabern gebaueten Mauer steckte, Feuer, zündete eine Lunte an, und setzte den ganzen Haufen in Brand. Ich vergaß Ihnen zu sagen, daß ich erst noch obenauf alle Kriegsvorratwagen geworfen hatte. **W**as am brennbarsten war hatte ich klüglich unten hingelegt, und so war nun in einem Augenblick alles eine lichterlohe Flamme. Um allem Verdacht zu entgehen, war ich einer der ersten der Lärmen machte. Das ganze Lager geriet, wie Sie sich vorstellen können, in das schrecklichste Erstaunen, und der allgemeine Schluß war, daß die Schildwachen bestochen, und sieben oder acht Regimenter aus der Festung zu dieser greulichen Zerstörung ihrer Artillerie gebraucht worden wären. Herr *Drinkwater* erwähnt in seiner Geschichte dieser berühmten Belagerung eines großen Verlustes, den die Feinde durch einen im Lager entstandenen Brand erlitten hätten, weiß aber im geringsten nicht die Ursache desselben anzugeben. Und das konnte er auch nicht; denn ich entdeckte die Sache noch keinem Menschen (obgleich ich allein durch die Arbeit dieser Nacht Gibraltar rettete) selbst dem General Eliott nicht. Der Graf von Artois lief nebst allen seinen Leuten im ersten Schrecken davon; und ohne einmal stillezuhalten liefen sie ungefähr vierzehn Tage in einem fort, bis sie Paris erreichten. Auch machte die Angst, die sich ihrer bei diesem fürchterlichen Brande bemächtigt hatte, daß sie drei Monate nicht imstande waren die geringste Erfrischung zu genießen;

sondern chamäleonmäßig bloß von der Luft lebten. **E**twa zwei Monate nachdem ich den Belagerten diesen Dienst getan hatte, saß ich eines Morgens mit dem General Eliott beim Frühstücke, als auf einmal eine Bombe (denn ich hatte nicht Zeit ihre Mörser ihren Kanonen nachzuschicken) in das Zimmer flog, und auf den Tisch niederfiel. Der General, wie fast jeder getan haben würde, verließ das Zimmer augenblicklich, ich aber nahm die Bombe ehe sie sprang, und trug sie auf die Spitze des Felsen. Von hier aus sahe ich auf einem Hügel der Seeküste, unweit des feindlichen Lagers, eine ziemliche Menge Leute, konnte aber mit bloßen Augen nicht entdecken, was sie vorhatten. Ich nahm also mein Teleskop zu Hülfe, und fand nun, daß zwei von unseren Offizieren, einer ein General, und der andere ein Oberster, die noch den vorigen Abend mit mir zugebracht, und sich um Mitternacht als Spione in das spanische Lager geschlichen hatten, dem Feinde in die Hände gefallen waren und eben gehängt werden sollten. Die Entfernung war zu groß, als daß ich die Bombe aus freier Hand hätte hinwerfen können. Glücklicherweise fiel mir bei, daß ich die Schleuder in der Tasche hatte, die David weiland so vorteilhaft gegen den Riesen Goliath gebrauchte. Ich legte meine Bombe hinein, und schleuderte sie sogleich mitten in den Kreis. Sowie sie niederfiel, sprang sie auch, und tötete alle Umstehenden, ausgenommen die beiden englischen Offiziere, die zu ihrem Glücke gerade in die Höhe gezogen waren. Ein Stück der Bombe flog indessen gegen den Fuß des Galgens, der dadurch sogleich umfiel. Unsere beiden Freunde fühlten kaum Terra firma, als sie sich nach dem Grunde dieser unerwarteten Katastrophe umsahen, und da sie fanden, daß Wache, Henker und alles den Einfall gekriegt hatte, zuerst zu sterben, so machten sie einander von ihren unbehaglichen Stricken los, liefen nach dem Seeufer,

sprangen in ein spanisches Boot, und nötigten die beiden Leute, die darin waren, sie nach einem unserer Schiffe zu rudern. Wenige Minuten nachher, da ich gerade dem General Eliott die Sache erzählte, kamen sie glücklich an, und nach gegenseitigen Erklärungen und Glückwünschen, feierten wir diesen merkwürdigen Tag auf die froheste Art von der Welt. **S**ie wünschen alle, meine Herren, ich sehe es Ihnen an den Augen an, zu hören, wie ich an einen so großen Schatz, als die gedachte Schleuder war, gekommen sei. Wohl! die Sache hängt so zusammen. Ich stamme, müssen Sie wissen, von der Frau des Urias ab, mit der David bekanntlich in sehr enger Verbindung lebte. Mit der Zeit aber, – wie dies manchmal der Fall ist – wurden seine

Majestät merklich kälter gegen die Gräfin, denn dazu wurde sie im ersten Vierteljahre nach ihres Mannes Tod gemacht. Sie zankten sich einmal über einen sehr wichtigen Punkt, nämlich über den Fleck wo Noahs Arche gebaut wurde, und wo sie nach der Sündflut stehenblieb. Mein Stammvater wollte für einen großen Altertumskundigen gelten, und die Gräfin war Präsidentin einer historischen Sozietät. Dabei hatte er die Schwäche mehrerer großen Herren und fast aller kleinen Leute, er konnte keinen Widerspruch ertragen; und sie hatte den Fehler ihres Geschlechts, sie wollte in allen Dingen recht behalten; kurz es erfolgte eine Trennung. Sie hatte ihn oft von jener Schleuder als einem sehr großen Schatze sprechen hören, und fand für gut, sie, zum Andenken wahrscheinlich, mitzunehmen. Ehe sie aber noch aus seinen Staaten war, wurde die Schleuder vermißt, und nicht weniger als sechs Mann von der Leibwache des Königs setzten ihr nach. Sie bediente sich indes des mitgenommenen Instruments so gut, daß sie einen ihrer Verfolger, der sich durch seinen Diensteifer vielleicht heben wollte, und daher etwas vor den andern voraus war, gerade auf den Fleck traf, wo Goliath seine tödliche Quetschung gekriegt hatte. Als seine Gefährten ihn tot zur Erde stürzen sahen, hielten sie es nach langer weiser Überlegung für das beste, diesen neu eingetretenen Umstand fürs erste gehörigen Ortes zu melden, und die Gräfin hielt es für das beste, mit untergelegten Pferden ihre Reise nach Ägypten fortzusetzen, wo sie sehr angesehene Freunde am Hofe hatte. – Ich hätte Ihnen vorher schon sagen sollen, daß sie von mehreren Kindern, die Seine Majestät mit ihr zu zeugen geruhet hatten, bei ihrer Entfernung einen Sohn, der ihr Liebling war, mit sich nahm. Da diesem das fruchtbare Ägypten noch einige Geschwister gab, so vermachte sie ihm durch einen besonderen Artikel ihres Testamentes die berühmte

Schleuder; und von ihm kam sie in meist gerader Linie endlich auf mich.

Einer ihrer Besitzer, mein Ururgroßvater, der vor ungefähr zweihundertundfunfzig Jahren lebte, wurde bei einem Besuche, den er in England machte, mit einem Dichter bekannt, der zwar nichts weniger als Plagiarius, aber ein desto größerer Wilddieb war, und Shakespeare hieß. Dieser Dichter, in dessen Schriften jetzt, zur Wiedervergeltung vielleicht, von Engländern und Deutschen abscheulich gewilddiebt wird, borgte manchmal diese Schleuder, und tötete damit so viel von Sir Thomas Lucys Wildbret, daß er mit genauer Not dem Schicksale meiner zwei Freunde zu Gibraltar entging. Der arme Mann wurde ins Gefängnis geworfen, und mein Ältervater bewirkte seine

Freiheit auf eine ganz besondere Art. Die Königin Elisabeth, die damals regierte, wurde, wie Sie wissen, in ihren letzten Jahren ihrer selbst überdrüssig. Ankleiden, Auskleiden, Essen, Trinken, und manches andere, was ich nicht zu nennen brauche, machten ihr das Leben zur unerträglichen Last. Mein Ältervater setzte sie in den Stand, alles dies nach ihrer Willkür, *ohne* oder *durch* einen Stellvertreter zu tun. Und was meinen Sie, daß er für dieses ganz unvergleichliche Meisterstück magischer Kunst sich ausbat? – Shakespeares Freiheit. – Weiter konnte ihm die Königin nicht das geringste aufdringen. Die ehrliche Haut hatte diesen großen Dichter so liebgewonnen, daß er gern von der Anzahl seiner Tage etwas abgegeben hätte, um das Leben seines Freundes zu verlängern. **Ü**brigens kann ich Ihnen, meine Herren, versichern, daß die Methode der Königin Elisabeth gänzlich ohne Nahrung zu leben, so originell sie auch war, bei ihren Untertanen sehr wenig Beifall gefunden hat, am wenigsten bei den Beefeaters* wie man sie gewöhnlich noch heutiges Tages nennt. Sie überlebte aber auch selbst ihre neue Sitte nicht über achthalb Jahr'. **M**ein Vater, von dem ich diese Schleuder kurz vor meiner Reise nach Gibraltar geerbt habe, erzählte mir folgende merkwürdige Anekdote, die auch seine Freunde öfters

*** Rindfleischesser. Ein Name der – nicht selten von solchen die gerne Rindfleisch äßen, und aus ökonomischen Gründen nicht dürfen – der königlichen Garde gegeben wird.**

von ihm gehört haben, und an deren Wahrheit niemand zweifeln wird, der den ehrlichen Alten gekannt hat. »Ich hielt mich«, sagte er, »bei meinen Reisen geraume Zeit in England auf, und ging einstens an dem Ufer der See unweit Harwich spazieren. Plötzlich kam ein grimmiges Seepferd in äußerster Wut auf mich los. Ich hatte nichts als die Schleuder bei mir, mit der ich dem Tier so geschickt zwei Kieselsteine gegen den Kopf warf, daß ich mit jedem ein Auge des Ungeheuers einschlug. Darauf stieg ich auf seinen Rücken, und trieb es in die See; denn in demselben Augenblick, in dem es sein Gesicht verlor, verlor es auch seine Wildheit, und wurde so zahm als möglich. Meine Schleuder legte ich ihm statt des Zaumes in den Mund, und ritt es nun mit der größten Leichtigkeit durch den Ozean hin. In weniger als drei Stunden kamen wir beide an dem entgegengesetzten Ufer an, welches doch immer eine Strecke von ungefähr dreißig Seemeilen ist. Zu Helvoetsluys verkaufte ich es für siebenhundert Dukaten an den Wirt zu den ›Drei Kelchen‹, der es als ein äußerst seltenes Tier sehen ließ, und sich schönes Geld damit machte.« – Jetzt findet man eine Abbildung davon im Buffon. – »So sonderbar die Art meiner Reise war«, fuhr mein Vater fort, »so waren doch die Bemerkungen und Entdeckungen, die ich auf der-

selben machte, noch viel außerordentlicher. Das Tier, auf dessen Rücken ich saß, schwamm nicht, sondern lief mit unglaublicher Geschwindigkeit auf dem Grunde des Meeres weg, und trieb Millionen von Fischen vor sich her, von denen viele ganz verschieden von den gewöhnlichen waren. Einige hatten den Kopf in der Mitte des Leibes, andere an der Spitze des Schwanzes. Einige saßen in einem großen Zirkel beisammen, und sangen unaussprechlich schöne Chöre; andere baueten aus bloßem Wasser die prächtigsten durchsichtigen Gebäude auf, die mit kolossalischen Säulen umgeben waren, in welchen eine Materie, die ich für nichts anders als für das reinste Feuer halten konnte, in den angenehmsten Farben, und in den reizendsten wellenförmigen Bewegungen hin und wider lief. Verschiedene Zimmer dieser Gebäude waren auf eine sehr sinnreiche und bequeme Art zur Begattung der Fische eingerichtet; in andern wurde der zarte Laich gepflegt, und gewartet; und eine Reihe weitläuftiger Säle war zur Erziehung der jungen Fische bestimmt. Das Äußere der Methode, die hier beobachtet wurde – denn das Innere derselben verstand ich natürlicherweise ebensowenig als den Gesang der Vögel oder die Dialoge der Heuschrecken – hatte so auffallende Ähnlichkeit mit dem, was ich in meinem Alter in den sogenannten

Philanthropinen und dergleichen Anstalten eingeführt fand, daß ich ganz gewiß bin, einer ihrer angeblichen Erfinder hat eine der meinigen ähnliche Reise gemacht, und seine Ideen mehr aus dem Wasser geholt, als aus der Luft gegriffen. Übrigens sehen Sie aus dem wenigen, was ich Ihnen gesagt habe, daß noch manches ungenützt, noch manche Spekulation übrig ist. – Doch ich fahre in meiner Erzählung fort.

Ich kam unter andern über eine ungeheuere Gebirgskette hin, die wenigstens so hoch war als die Alpen. An der Seite der Felsen war eine Menge großer Bäume von mannigfaltiger Art. Auf diesen wuchsen Hummer, Krebse, Austern, Kammaustern, Muscheln, Seeschnecken usw., von denen bisweilen ein einziges Stück eine Ladung für einen Frachtwagen war, und an der kleinsten hätte ein Lastträger zu schleppen gehabt. – Alles was von der Art an die Ufer geworfen, und auf unsern Märkten verkauft wird, ist elendes Zeug, das das Wasser von den Ästen abschlägt, ungefähr so wie das kleine schlechte Obst, das der Wind von den Bäumen herunterweht. – Die Hummerbäume schienen am vollesten zu sitzen; die Krebs- und Austerbäume aber waren die größten. Die kleinen Seeschnecken wachsen auf einer Art von Sträuchen, die immer an dem Fuß der Austerbäume stehen, und sich fast so wie der Efeu an der

Eiche, an ihnen hinaufwinden. Auch bemerkte ich eine sehr sonderbare Wirkung eines untergegangenen Schiffes. Dies war, wie mir schien, gegen die Spitze eines Felsen, die nur drei Klafter unter der Oberfläche des Wassers war, gestoßen, und beim Sinken umgeschlagen. Dadurch stürzte es auf einen großen Hummerbaum, und stieß verschiedene Hummer ab, die auf einen darunterstehenden Krebsbaum fielen. Weil die Sache nun wahrscheinlich im Frühjahre geschah, und die Hummer noch ganz jung waren, so vereinigten sie sich mit den Krebsen, und brachten eine neue Frucht hervor, die mit beiden Ähnlichkeit hat. Ich versuchte der Seltenheit wegen ein Stück davon mitzunehmen, aber teils war es mir zu beschwerlich, teils wollte mein Pegasus nicht gerne stillehalten; auch hatte ich schon über die Hälfte meines Weges zurückgelegt, und war gerade in einem Tale wenigstens fünfhundert Klafter unter der Meeresfläche, wo ich den Mangel der Luft allmählich etwas unbequem fand. Übrigens war meine Lage auch in andern Rücksichten nicht die angenehmste. Ich begegnete von Zeit zu Zeit großen Fischen, die, soviel ich aus ihren offenen Rachen abnehmen konnte, eben nicht ungeneigt waren, uns beide zu verschlingen. Nun war meine arme Rosinante blind, und es beruhte einzig auf meiner vorsichtigen Führung,

daß ich den menschenfreundlichen Absichten dieser hungrigen Herren entging. Ich galoppierte also weidlich zu, und suchte so bald wie möglich wieder trockenes Land zu gewinnen. **A**ls ich dem holländischen Ufer schon ziemlich nahe war, und das Wasser über meinem Kopfe keine zwanzig Klafter mehr hoch sein mochte, so kam es mir vor, als läge eine menschliche Gestalt in weiblicher Kleidung vor mir auf dem Sande. Ich glaubte einige Zeichen des Lebens an ihr zu bemerken, und als ich näher kam, sah ich auch wirklich, daß sie ihre Hand bewegte. Ich faßte diese an,

und brachte die Person als eine anscheinende Leiche mit mir an das Ufer. Ob man nun gleich damals in der Kunst Tote zu erwecken noch nicht so weit gekommen war, daß man so wie in unseren Tagen auf jeder Dorfschenke eine Anweisung vorfand *Ertrunkene* wieder aus dem Reiche der Schatten zurückzurufen, so gelang es doch den klugen und unermüdeten Bemühungen eines dortigen Apothekers den kleinen Funken des Lebens, den er in dieser Frau noch übrig fand, wieder anzufachen. Sie war die teuere Hälfte eines Mannes, der ein nach Helvoetsluys gehöriges Schiff kommandierte, und kurz vorher aus dem Hafen abgefahren war. Unglücklicherweise hatte er in der Eile eine andere Person anstatt seiner Frau mitgenommen. Dies wurde ihr sogleich von einer der wachsamen Schutzgöttinnen des häuslichen Friedens hinterbracht, und weil sie fest überzeugt war, daß die Rechte des Ehebettes zu Wasser so gültig wären als zu Lande, so fuhr sie ihm wütend von Eifersucht in einem offenen Boote nach, und suchte, sobald sie auf das Oberlof seines Schiffes gekommen war, nach einer kurzen unübersetzbaren Anrede, ihre Gerechtsame auf eine so triftige Art zu beweisen, daß ihr lieber Getreuer es für ratsam fand, ein paar Schritte zurück zu tun. Die traurige Folge davon war, daß ihre knöcherne Rechte den Eindruck, der den Ohren ihres Mannes zugedacht war, auf die Wellen machte, und da diese noch nachgebender waren als er, so fand sie erst auf dem Grunde der See den Widerstand, den sie suchte. – Hier brachte mich nun mein Unstern mit ihr zusammen, um ein glückliches Paar auf Erden mehr zu machen. **I**ch kann mir leicht vorstellen, was für Segenswünsche mir ihr Herr Gemahl nachgeschickt hat, als er bei seiner Rückkunft fand, daß sein zärtliches Weibchen, durch mich gerettet, seiner harre. Indes so schlimm auch immer der Streich sein mag, den ich dem armen Teufel gespielt habe; so war mein Herz doch außer aller Schuld. Der Bewegungsgrund meiner Handlung war reine klare Menschenliebe, obgleich wie ich nicht leugnen kann, die Folgen davon für ihn schrecklich sein mußten.« **U**nd so weit, meine Herren, geht die Erzählung meines Vaters, an die ich durch die berühmte Schleuder erinnert wurde, die leider, nachdem sie sich so lange bei meiner Familie erhalten, und ihr viele wichtige Dienste geleistet hatte, in dem Rachen des Seepferdes ihren Rest gekriegt zu haben scheint. Wenigstens habe ich den einzigen Gebrauch davon gemacht, den ich Ihnen erzählt habe, daß ich den Spaniern eine ihrer Bomben uneröffnet wieder zurückschickte, und dadurch meine zwei Freunde vom Galgen rettete. Bei dieser

edlen Anwendung wurde meine Schleuder, die vorher schon etwas mürbe war, vollends aufgeopfert. Das größte Teil davon flog mit der Bombe weg, und das übrige kleine Stückchen, das mir in der Hand blieb, liegt jetzt in unserm Familienarchiv, wo es nebst mehreren wichtigen Altertümern zu ewigem Andenken aufbewahret wird. **B**ald darauf verließ ich Gibraltar wieder, und kehrte nach England zurück. Dort begegnete mir einer der sonderbarsten Streiche meines ganzen Lebens. **I**ch mußte nach *Wapping* hinuntergehen, um verschiedene Sachen einschiffen zu sehen, die ich einigen meiner Freunde in Hamburg schicken wollte, und als ich damit fertig war, nahm ich meinen Rückweg über den *Tower Wharf.* Es war Mittag; ich war schrecklich müde, und die Sonne wurde mir so lästig, daß ich in eine von den Kanonen hineinkroch, um dort ein bißchen auszuruhen. Kaum war ich darin, so fiel ich auch sogleich in den tiefsten Schlaf. Nun war es gerade der vierte Junius*, und um ein Uhr wurden alle Kanonen zum Andenken dieses Tages abgefeuert. Sie waren am Morgen geladen, und da niemand mich hier vermuten konnte, so wurde ich über die Häuser an der entgegengesetzten Seite des Flusses weg in den Hof eines Pächters zwischen *Bermondsey* und *Deptford* geschossen. Hier fiel ich auf einen großen Heuhaufen nieder, und blieb – wie aus der großen Betäubung leicht begreiflich wird – ohne aufzuwachen, liegen. Ungefähr nach drei Monaten wurde das Heu so erschrecklich teuer, daß der Pächter einen guten Schnitt zu machen dachte, wenn er jetzt seinen Vorrat losschlüge. Der Haufen, auf dem ich lag, war der größte auf dem Hofe, und hielt wenigstens fünfhundert Fuder. Mit ihm wurde also bei dem Aufladen der Anfang gemacht. Durch das Lärmen der Leute, die ihre Leitern angelegt hatten, und auf den Haufen hinaufsteigen wollten, wachte ich auf; noch halb im Schlafe, und ohne im geringsten zu wissen wo ich war, wollte ich weglaufen, und stürzte herunter auf den Eigentümer des Heus. Ich selbst litt durch diesen Fall nicht den geringsten

* Der Geburtstag des regierenden Königs.

Schaden, der Pächter aber einen desto größern; er blieb tot unter mir liegen; denn ich hatte unschuldigerweise ihm das Genick gebrochen. Zu meiner großen Beruhigung hörte ich nachher, daß der Kerl ein abscheulicher Jude war, der immer mit den Früchten seiner Ländereien so lange zurückhielt, bis erst bittere Teuerung einriß, und er mit übermäßigem Profite sie verkaufen konnte; so daß also sein gewaltsamer Tod für ihn gerechte Strafe, und für das Publikum wahre Wohltat war. **W**ie sehr ich übrigens erstaunte, als ich wieder völlig zu mir selbst kam, und nach langem Besinnen

meine gegenwärtigen Gedanken an die anknüpfte, mit denen ich vor drei Monaten eingeschlafen war; und wie groß die Verwunderung meiner Freunde in London war, als ich nach vielen vergeblichen Nachforschungen auf einmal wieder erschien, – das können Sie, meine Herren, sich leicht vorstellen. **N**un lassen Sie uns erst ein Gläschen trinken, und dann erzähle ich Ihnen noch ein paar meiner Seeabenteuer.

ACHTES SEEABENTEUER

Ohne Zweifel haben Sie von der letzten nördlichen Entdeckungsreise des Kapitän Phipps – gegenwärtigen Lord *Mulgrave* – gehört. Ich begleitete den Kapitän; – nicht als Offizier, sondern als Freund. – Da wir unter einen ziemlich hohen Grad nördlicher Breite gekommen waren, nahm ich mein Teleskop, mit dem

ich Sie bei der Geschichte meiner Reise nach Gibraltar schon bekannt gemacht habe, und betrachtete die Gegenstände, die ich nun um mich hatte. – Denn, im Vorbeigehen gesagt, ich halte es immer für gut, sich von Zeit zu Zeit einmal umzusehen; vorzüglich auf Reisen. – Ungefähr eine halbe Meile von uns schwamm ein Eisgebirge, das weit höher als unsere Maste war, und auf demselben sah ich zwei weiße Bären, die meiner Meinung nach in einem hitzigen Zweikampfe begriffen waren. Ich hing sogleich mein Gewehr um, und machte mich zu dem Eise hin, fand aber, als ich erst auf den Gipfel desselben gekommen war, einen unaussprechlich mühsamen und gefahrvollen Weg.
Oft mußte ich über schreckliche Abgründe springen; und an andern Stellen war die Oberfläche so glatt wie ein Spiegel, so daß meine Bewegung ein beständiges Fallen und Aufstehen war. Doch endlich kam ich so weit, daß ich die Bären erreichen konnte, und zugleich sah ich auch, daß sie nicht miteinander kämpften, sondern nur spielten. Ich überrechnete schon den Wert ihrer Felle – denn jeder war wenigstens so groß als ein gut gemästeter Ochse; – allein indem ich eben mein Gewehr anlegen wollte, glitschte ich mit dem rechten Fuße aus, fiel rückwärts nieder, und verlor durch die Heftigkeit des Schlages, den ich tat, auf eine kleine halbe Stunde alles

Bewußtsein. Stellen Sie sich mein Erstaunen vor, als ich erwachte, und fand, daß eines von den eben genannten Ungeheuern mich herum auf mein Gesicht gedrehet hatte, und gerade den Bund meiner neuen ledernen Hose packte. Der obere Teil meines Leibes steckte unter seinem Bauche, und meine Beine standen voraus. Gott weiß, wohin mich die Bestie geschleppt hätte; aber ich kriegte mein Taschenmesser heraus – dasselbe, was Sie hier sehen – hackte in seinen linken Hinterfuß, und schnitt ihm drei von seinen Zehen ab. Nun ließ er mich sogleich fallen, und brüllte fürchterlich. Ich nahm mein Gewehr auf, feuerte auf ihn, sowie er weglief, und plötzlich fiel er nieder. Mein Schuß hatte nun zwar eines von diesen blutdürstigen Tieren auf ewig eingeschläfert; aber mehrere Tausende, die in dem Umkreis von einer halben Meile auf dem Eise lagen, und schliefen, aufgeweckt. Alle miteinander kamen spornstreichs angelaufen. Zeit war nicht zu verlieren. Ich aber war verloren, oder ein schneller Einfall mußte mich retten. – Er kam. – Etwa in der Hälfte der Zeit, die ein geübter Jäger braucht, um einem Hasen den Balg abzustreifen zog ich dem toten Bären seinen Rock aus, wickelte mich darein, und steckte meinen Kopf gerade unter den seinigen. Kaum war ich fertig, so versammelte sich die ganze Herde um mich herum.

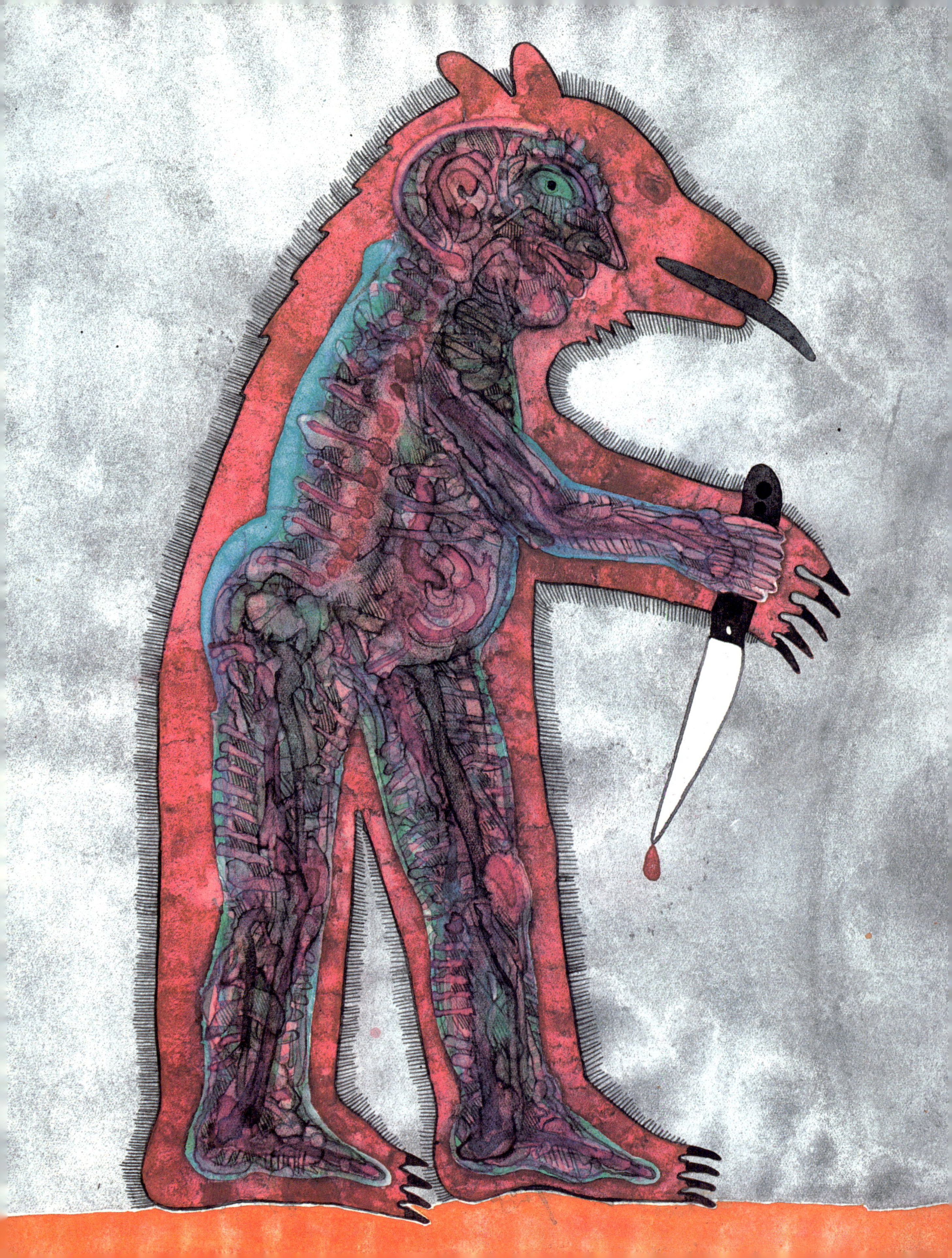

Mir wurde heiß und kalt unter meinem Pelze. Indes meine List gelang mir vortrefflich. Sie kamen, einer nach dem andern, berochen mich, und hielten mich augenscheinlich für einen Bruder Petz. Es fehlte mir auch nichts als die Größe, um ihnen vollkommen gleich zu sehen; und verschiedene Junge unter ihnen waren nicht viel größer als ich. Als sie alle mich und den Leichnam ihres verschiedenen Gefährten berochen hatten, schienen wir sehr gesellig zu werden; auch konnte ich alle ihre Handlungen so ziemlich nachmachen; nur im Brummen, Brüllen, und Balgen waren sie meine Meister. Sosehr ich aber wie ein Bär aussah, so war ich doch noch Mensch: – ich fing an zu überlegen, wie ich die Vertraulichkeit, die zwischen mir und diesen Tieren sich erzeugt hatte, wohl auf das vorteilhafteste nützen könnte. **I**ch hatte ehedem von einem alten Feldscher gehört, daß eine Wunde im Rückgrat augenblicklich tödlich sei. Hierüber beschloß ich nun einen Versuch anzustellen. Ich nahm mein Messer wieder zur Hand, und stieß es dem größten Bären nahe bei den Schultern in den Nacken. Allerdings war dies ein sehr gewagter Streich, und es war mir auch nicht wenig bange. Denn das war ausgemacht: überlebte die Bestie den Stoß, so war ich in Stücken zerrissen. Allein mein Versuch gelang glücklich; der Bär fiel tot zu meinen Füßen nieder, ohne einmal zu mucksen. Nun nahm ich mir vor, allen übrigen auf ebendie Art den Rest zu geben, und dies wurde mir auch gar nicht schwer; denn, ob sie gleich ihre Brüder zur Rechten und Linken fallen sahen, so hatten sie doch kein Arg daraus. Sie dachten weder an die Ursache, noch an die Wirkung des Niedersinkens; und das war ein Glück für sie, und für mich. – Als ich sie alle tot vor mir liegen sah, kam ich mir vor wie Simson, als er die Tausende geschlagen hatte.

Die Sache kurz zu machen, ich ging nach dem Schiffe zurück, und bat mir drei Teile

des Volkes aus, die mir helfen mußten, die Felle abzustreifen und die Schinken an Bord zu tragen. Wir waren in wenigen Stunden damit fertig, und beluden das ganze Schiff damit. Was übrigblieb wurde in das Wasser geworfen, ungeachtet ich nicht zweifele, daß es, gehörig eingesalzen, ebensogut schmecken würde, als die Keulen.

Sobald wir zurückkamen, schickte ich einige Schinken, im Namen des Kapitäns, an die Lords von der Admiralität, andere an die Lords von der Schatzkammer, etliche an den Lordmayor und den Stadtrat von London, einige wenige an die Handlungsgesellschaften, und die übrigen an meine besonderen Freunde. Von allen Orten bezeugte man mir den wärmsten Dank; die City aber erwiderte mein Geschenk auf eine sehr nachdrückliche Art, nämlich durch eine Einladung, jährlich an dem Wahltage des Lordmayor auf dem Rathause zu speisen. **D**ie Bärenfelle schickte ich an die Kaiserin von Rußland, als Winterpelze für Ihre Majestät und ihren Hof. Sie dankte mir dafür in einem eigenhändigen Briefe, den sie mir durch einen außerordentlichen Gesandten überschickte, und worin sie mir anbot, mit ihr die Ehre ihres Bettes und ihrer Krone zu teilen. Allein da mich's eben nie sehr nach königlicher Würde gelüstet hat, so lehnte ich Ihrer Majestät Gnade in den feinsten Ausdrücken ab. Ebenderselbe Ambassadeur, der mir das kaiserliche Schreiben brachte, hatte auch den Auftrag zu warten, und Ihrer Majestät meine Antwort persönlich zurückzubringen. Ein zweiter Brief, den ich bald nachher von der Kaiserin erhielt, überzeugte mich von der Stärke ihrer Leidenschaft und der Erhabenheit ihres Geistes. – Ihre letzte Krankheit kam, wie sie – die zärtliche Seele! – sich in einer Unterredung mit dem Fürsten *Dolgaroucki* zu erklären geruhte – allein von meiner Grausamkeit her. Ich weiß nicht was die Damen an mir finden; aber die Kaiserin ist nicht die einzige ihres Geschlechtes, die mir vom Throne ihre Hand anbot. **E**inige Leute haben die Verleumdung ausgestreuet, Kapitän Phipps sei auf seiner Reise nicht so weit gegangen, als er wohl hätte tun können. Allein hier ist es meine Schuldigkeit, ihn zu verteidigen. Unser Schiff war auf einem recht guten Wege, bis ich es mit einer solchen ungeheuren Menge von Bärenfellen und Schinken belud, daß es Tollheit gewesen sein würde, einen Versuch zu machen, weiterzugehen, da wir nun kaum imstande waren, nur gegen einen etwas frischen Wind zu segeln, geschweige gegen jene Gebirge von Eis, die in den höheren Breiten liegen. **D**er Kapitän hat seitdem oft erklärt, wie unzufrieden er sei, daß er keinen Anteil an dem Ruhme dieses Tages habe, den er sehr emphatisch den *Bärenfelltag* nennt. Dabei beneidet er mich nicht wenig wegen der Ehre dieses Sieges, und sucht auf alle Art und Weise dieselbe zu schmälern. Wir haben uns schon öfter hierüber gezankt, und sind auch jetzt noch über den Fuß gespannt. Unter anderem behauptet er geradezu, ich dürfe mir das nicht zum Verdienst anrechnen, daß ich die Bären betrogen habe, da ich mit einem ihrer Felle bedeckt gewesen sei; er hätte ohne Maske unter sie gehen wollen, und sie hätten ihn doch für einen Bären halten sollen. **D**ies ist nun freilich ein Punkt, den ich für allzu zart und spitz halte, als daß ein Mann, der auf gefällige Sitten Anspruch macht, mit irgend jemand, am allerwenigsten mit einem edlen Pair darüber streiten darf.

NEUNTES SEEABENTEUER Eine andere Seereise machte ich von England aus mit dem Kapitän Hamilton. Wir gingen nach Ostindien. Ich hatte einen Hühnerhund bei mir, der, wie ich im eigentlichsten Sinne behaupten konnte, nicht mit Gold aufzuwiegen war; denn er betrog mich nie. Eines Tages, da wir, nach den besten Beobachtungen, die wir machen konnten, wenigstens noch dreihundert Meilen vom Lande entfernt waren, markierte mein Hund. Ich sah ihn fast eine volle Stunde mit Erstaunen an, und sagte den Umstand dem Kapitän, und jedem Offizier am Bord, und behauptete, wir müßten dem Lande nahe sein, denn mein Hund witterte Wild. Dies verursachte ein allgemeines Gelächter, durch das ich mich aber in der guten Meinung von meinem Hunde gar nicht irremachen ließ. **N**ach vielem Streiten für und wider die Sache, erklärte ich endlich dem Kapitän mit der größten Festigkeit, daß ich zu der Nase meines *Tray* mehr Zutrauen habe, als zu den Augen aller Seeleute am Bord; und schlug ihm daher kühn eine Wette von hundert Guineen vor – der Summe, die ich für diese Reise akkordiert hatte – wir würden in der ersten halben Stunde Wild finden. **D**er Kapitän – ein herzensguter Mann – fing wieder an zu lachen, und ersuchte Herrn Crawford, unsern Schiffschirurgus, mir den Puls zu fühlen. Er tat es, und berichtete, ich wäre vollkommen gesund. Darauf entstand ein Geflüster zwischen beiden, wovon ich indes das meiste deutlich genug verstand. »**E**r ist nicht recht bei Sinnen«, sagte der Kapitän; »ich kann mit Ehre die Wette nicht annehmen.« »**I**ch bin ganz der entgegengesetzten Meinung«, erwiderte der Chirurgus. »Es fehlt ihm nicht das mindeste. Nur er verläßt sich mehr auf den Geruch seines Hundes, als auf den Verstand jedes Offiziers am Bord. – Verlieren wird er auf alle Fälle; aber er verdient es auch.« »**S**o eine Wette«, fuhr der Kapitän fort, »kann von meiner Seite niemals so ganz redlich sein. Indes, es wird desto rühmlicher für mich sein, wenn ich ihm nachher das Geld wieder zurückgebe.« **W**ährend dieser Unterredung blieb *Tray* immer in derselben Stellung, und bestätigte mich noch mehr in meiner Meinung. Ich schlug die Wette zum zweiten Male vor; und sie wurde angenommen. **K**aum war Topp und Topp auf beiden Seiten gesagt, als einige Matrosen, die in dem langen Boote, das an das Hinterteil des Schiffes befestigt war, fischten, einen außerordentlich großen Hai erlegten, den sie auch sogleich an Bord brachten. Sie fingen an den Fisch aufzuschneiden, und – siehe! – da fanden wir nicht weniger als sechs Paar lebendige Rebhühner in dem Magen des Tieres. **D**iese armen Geschöpfe waren schon so lange in dieser Lage gewesen, daß eine von den Hennen auf fünf Eiern saß, wovon eines gerade ausgebrütet war, als der Hai geöffnet wurde. **D**iesen jungen Vogel zogen wir mit einem Wurfe kleiner Katzen auf, die wenige Minuten vorher zur Welt gekommen waren. Die alte Katze hatte ihn so lieb als eines ihrer vierbeinigen Kinder, und tat immer erstaunend übel, wenn das Huhn etwas zu weit wegflog, und nicht gleich wieder zurückkommen wollte. – Unter den übrigen Rebhühnern hatten wir vier Hennen, von denen immer eine oder mehrere saßen, so daß wir, während unserer ganzen Reise, beständig einen Überfluß von Wildbret auf des Kapitäns Tafel hatten. – Dem armen Tray ließ ich, zum Danke für die hundert Guineen, die ich durch ihn gewonnen hatte, täglich die Knochen geben, und bisweilen auch einen ganzen Vogel.

ZEHNTES SEEABENTEUER

Eine zweite Reise nach dem Monde

Ich habe Ihnen, meine Herren, schon ehemals von einer kleinen Reise erzählt, die ich nach dem Monde machte, um meine silberne Axt wiederzuholen. Ich kam nachher noch einmal auf eine viel angenehmere Art dahin; und blieb lange genug daselbst, um von verschiedenen Dingen mich gehörig zu unterrichten, die ich Ihnen nun so genau, als mein Gedächtnis mir erlaubt, beschreiben will. **E**in weitläuftiger Verwandter von

mir hatte sich die Grille in den Kopf gesetzt, es müßte notwendig ein Volk geben, das dem an Größe gleichkäme, welches Gulliver in dem Königreiche *Brobdignag* gefunden haben will. Dies aufzusuchen, ging er auf eine Entdeckungsreise aus, und bat mich ihn zu begleiten. Ich meines Orts hatte nun zwar jene Erzählung nie für etwas mehr gehalten, als für ein gutes Märchen, und glaubte so wenig an ein *Brobdignag,* als an ein *Eldorado;* indes der Mann hatte mich zum Erben eingesetzt, und ich war ihm also wieder Gefälligkeiten schuldig. Wir kamen auch glücklich nach der Südsee, ohne daß uns irgend etwas aufstieß, das verdiente angeführt zu werden; außer einige fliegende Männer und Weiber, die in der Luft Menuett tanzten, oder Springerkünste machten, und dergleichen Kleinigkeiten. **D**en achtzehnten Tag, nachdem wir bei der Insel Otahiti vorbeigekommen waren, führte ein Orkan unser Schiff wenigstens tausend Meilen von der Oberfläche des Wassers weg, und hielt es geraume Zeit in dieser Höhe. Endlich füllte ein frischer Wind unsere Segel, und nun ging's mit unglaublicher Geschwindigkeit fort. Sechs Wochen waren wir über den Wolken gereiset, als wir ein großes Land entdeckten, rund und glänzend, gleichsam eine schimmernde Insel. Wir liefen in einen bequemen Hafen ein, gingen an das Ufer, und fanden das

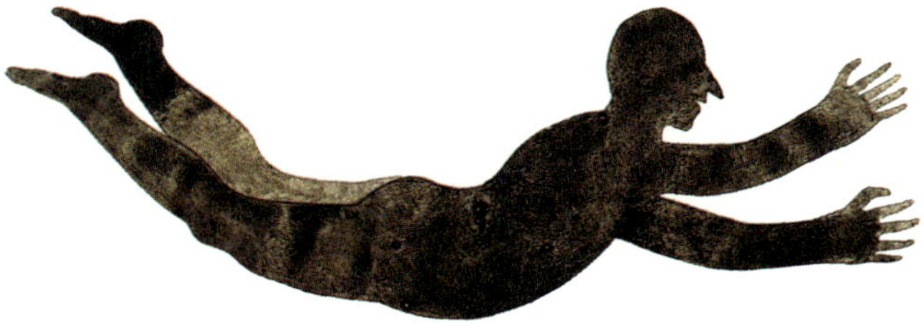

Land bewohnt. Unter uns sahen wir eine andere Erde mit Städten, Bäumen, Bergen, Flüssen, Seen usw., das, wie wir vermuteten, die Welt war, die wir verlassen hatten. – Im Monde, – denn das war die schimmernde Insel, an der wir gelandet hatten – sahen wir große Gestalten, die auf Geiern ritten, von denen jeder drei Köpfe hatte. Um Ihnen einen Begriff von der Größe dieser Vögel zu geben, muß ich Ihnen sagen, daß die Entfernung von einem Ende ihres Flügels bis zum andern sechsmal so lang war, als das längste Segeltau an unserm Schiffe. – Anstatt wir nun in dieser Welt auf Pferden reiten, fliegen die Einwohner des Mondes auf diesen Vögeln umher. **D**er König hatte gerade einen Krieg mit der Sonne. Er bot mir eine Offizierstelle an; allein ich verbat mir die Ehre, die Seine Majestät mir zudachte. **A**lles ist in dieser Welt außerordentlich groß; eine gewöhnliche Fliege z. B. ist nicht viel kleiner als eines unserer Schafe. Die vorzüglichsten Waffen, deren sich die Einwohner des Mondes im Kriege bedienen, sind Rettiche, die wie Wurfspieße gebraucht werden, und den, der damit verwundet wird, augenblicklich töten. Ihre Schilde sind aus Pilzen gemacht, und wenn die Zeit der Rettiche vorbei ist, so vertreten Spargelstengel ihre Stelle. **I**ch sah auch hier einige von den Eingebornen des Hundssterns, die der Handlungs-

geist zu dergleichen Streifereien verleitet. Diese haben ein Gesicht wie große Bullenbeißer. Ihre Augen stehen zu beiden Seiten der Spitze oder vielmehr des untern Endes ihrer Nase. Sie haben keine Augenlider, sondern bedecken ihre Augen, wenn sie schlafen gehen, mit ihrer Zunge. Gewöhnlich sind sie zwanzig Fuß hoch; von den Einwohnern des Mondes aber ist keiner unter sechsunddreißig Fuß. Der Name, den die letztern führen, ist etwas sonderbar. Sie heißen nicht Menschen, sondern kochende Geschöpfe, weil sie ebenso wie wir ihre Speisen beim Feuer zurechtmachen. Übrigens nimmt ihnen das Essen sehr wenig Zeit weg; denn sie öffnen nur die linke Seite, und schieben die ganze Portion auf einmal in den Magen hinein; dann schließen sie wieder zu, bis nach Verfluß eines Monats derselbe Tag wiederkommt. Sie haben mithin das ganze Jahr hindurch nicht mehr als zwölf Mahlzeiten – eine Einrichtung, die jeder, der kein Fresser oder Schlemmer ist, der unsern weit vorziehen muß.

Die Freuden der Liebe sind im Monde gänzlich unbekannt; denn sowohl unter den kochenden Geschöpfen als allen übrigen Tieren gibt es nur ein einziges Geschlecht. Alles wächst auf Bäumen, die aber nach ihren verschiedenen Früchten auch an der Größe und den Blättern sich sehr voneinander unterscheiden. Diejenigen, auf denen

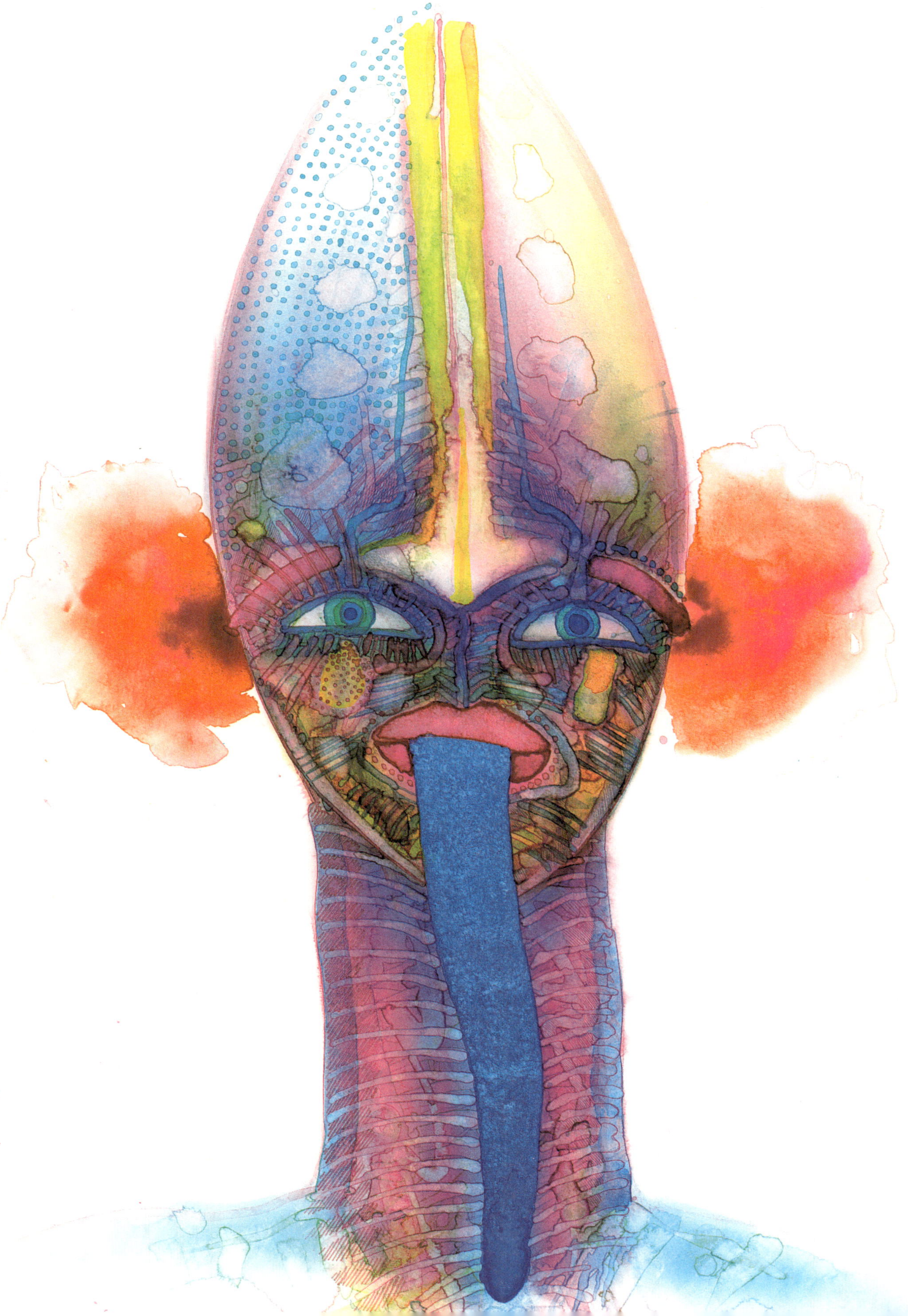

die kochenden Geschöpfe oder die Menschen wachsen, sind viel schöner als die andern, haben große gerade Äste, und fleischfarbene Blätter, und ihre Frucht besteht in Nüssen, die sehr harte Schalen haben, und wenigstens sechs Fuß lang sind. Wenn diese reif sind, welches man an der Veränderung ihrer Farbe sehen kann, so werden sie mit großer Sorgfalt gepflückt, und so lange als man es für gut findet, aufgehoben. Will man nun den Samen dieser Nüsse lebendig haben, so wirft man sie in einen großen Kessel kochenden Wassers, und in wenigen Stunden öffnen sich die Schalen, und das Geschöpf springt heraus. **I**hr Geist ist immer schon, ehe sie in die Welt kommen, von der Natur zu einer besondern Bestimmung gebildet. Aus einer Schale kommt ein Soldat, aus einer andern ein Philosoph, aus einer dritten ein Gottesgelehrter, aus einer vierten ein Jurist, aus einer fünften ein Pächter, aus einer sechsten ein Bauer usf.; und jeder fängt sogleich an, sich in der Ausübung dessen, was er vorher bloß theoretisch wußte, vollkommen zu machen. – Der Schale mit Gewißheit anzusehen, was in ihr steckt, ist sehr schwer; doch machte ein lunarischer Theologe zu meiner Zeit mächtigen Lärm, er sei im Besitze dieses Geheimnisses. Man achtete aber wenig auf ihn, und hielt ihn durchgängig für krank. **W**enn die Leute im

Monde alt werden, so sterben sie nicht, sondern lösen sich in Luft auf, und verfliegen wie Rauch. **T**rinken haben sie nicht nötig, denn es finden gar keine Ausleerungen bei ihnen statt, ausgenommen durch das Aushauchen. Sie haben nur einen Finger an jeder Hand, mit dem sie alles tun können, so gut oder noch besser als wir, die wir außer dem Daumen viere haben. **I**hren Kopf haben sie unter dem rechten Arm, und wenn sie auf eine Reise oder an eine Arbeit gehen, bei der sie sich heftig bewegen müssen, so lassen sie ihn gemeiniglich zu Hause; denn um Rat fragen können sie ihn, sie mögen von ihm entfernt sein, so weit sie wollen. Auch pflegen die Vornehmen unter den Mondbewohnern, wenn sie gerne wissen möchten, was unter dem gemeinen Volke vorgeht, nicht unter dasselbe sich zu begeben. Sie bleiben zu Hause, d. h. der Körper bleibt zu Hause, und schickt nur den Kopf aus, der inkognito gegenwärtig sein kann, und dann nach Gefallen seines Herrn, mit der eingezogenen Kundschaft zurückkehrt. **D**ie Traubenkerne im Monde sind vollkommen unserm Hagel ähnlich, und ich bin fest überzeugt, daß, wenn ein Sturm im Monde die Trauben von ihren Stielen abschlägt, die Kerne dann auf unsere Erde herunterfallen, und den Hagel bilden. Ich glaube auch, daß diese meine Bemerkung manchen Weinverkäufern schon lange bekannt sein muß; wenigstens habe ich öfter Wein bekommen, der aus Hagelkörnern gemacht zu sein schien, und vollkommen so schmeckte wie der Mondwein. **E**inen merkwürdigen Umstand hätte ich bald vergessen. – Der Bauch tut den Leuten im Monde ganz die Dienste, die uns ein Ranzen tut; sie stecken in ihn hinein, was sie nötig haben, und schließen ihn ebenso wie ihren Magen, nach Belieben auf und zu; denn mit Gedärmen, Leber, Herz und andern Eingeweiden sind sie nicht beschwert, ebensowenig als mit Kleidern; sie haben aber auch kein Glied an ihrem

ganzen Körper, das ihnen die Schamhaftigkeit zu bedecken geböte. **I**hre Augen können sie nach Gefallen herausnehmen und einsetzen, und ebensogut damit sehen, wenn sie in ihrem Kopfe, als wenn sie in ihrer Hand sind. Verlieren oder beschädigen sie zufälligerweise eines, so können sie ein anderes borgen oder kaufen, und dasselbe so gut gebrauchen als ihr eigenes. Man trifft daher allenthalben im Monde Leute an, die mit Augen handeln; und in dieser einzigen Sache haben alle Einwohner durchaus ihre Grillen; bald sind grüne bald gelbe Augen Mode. **I**ch gestehe, diese Dinge klingen seltsam; aber ich stelle es jedem, der den geringsten Zweifel hat, frei, selbst nach dem Monde zu gehen, und sich zu überzeugen, daß ich der Wahrheit so getreu

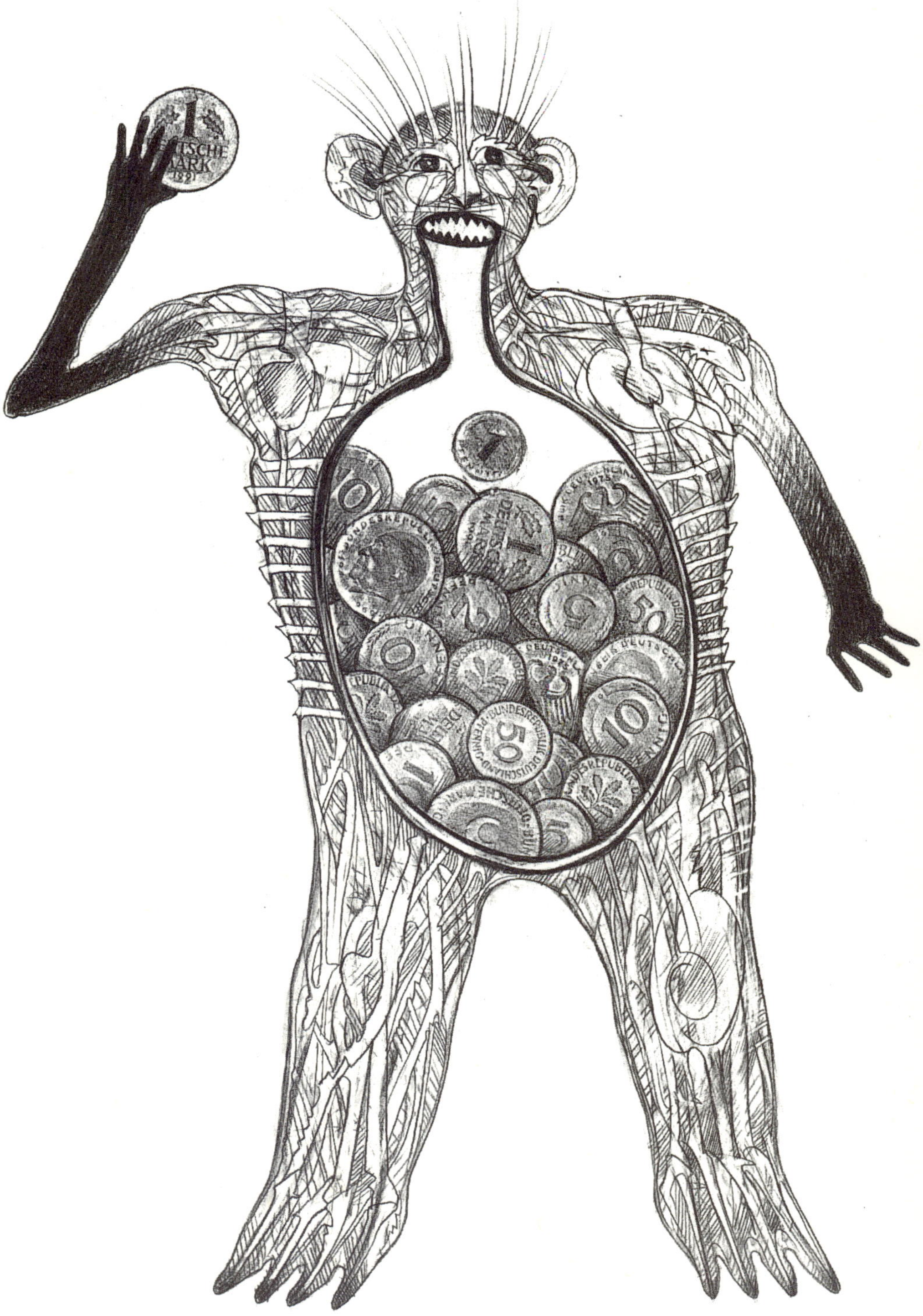

geblieben bin, als vielleicht nur wenige andere Reisende. **Reise durch die Welt, nebst andern merkwürdigen Abenteuern** Wenn ich Ihren Augen trauen darf, meine Herren, so möchte ich wohl eher müde werden, Ihnen sonderbare Begebenheiten meines Lebens zu erzählen, als Sie, mich anzuhören. Ihre Gefälligkeit ist mir zu schmeichelhaft, als daß ich, wie ich mir vorgenommen hatte, mit meiner Reise nach dem Monde meine Erzählung schließen sollte. Hören Sie also, wenn es Ihnen beliebt, noch eine Geschichte, die an Glaubwürdigkeit der letztern gleichkömmt, an Merkwürdigkeit

und Wunderbarkeit sie vielleicht noch übertrifft. **B***rydones* Reisen nach Sizilien, die ich mit ungemeinem Vergnügen durchlesen habe, machten mir Lust den Berg Ätna zu besuchen. Auf meinem Wege dahin stieß mir nichts Merkwürdiges auf. Ich sage *mir;* denn mancher andere hätte wohl manches äußerst merkwürdig gefunden, und zum Ersatz der Reisekosten umständlich dem Publikum erzählt, was mir alltägliche Kleinigkeit war, womit ich keines ehrlichen Mannes Geduld ermüden mag. **E**ines Morgens reisete ich früh aus einer am Fuß des Berges gelegenen Hütte ab, fest entschlossen, auch wenn es auf Kosten meines Lebens geschehen sollte, die innere Einrichtung dieser berühmten Feuerpfanne zu untersuchen, und auszuforschen. Nach einem mühseligen Weg von drei Stunden befand ich mich auf der Spitze des Berges. Er tobte damals gerade, und hatte schon drei Wochen getobt. Wie er unter den Umständen aussieht, das ist schon so oft geschildert worden, daß, wenn Schilderungen es darstellen können, ich auf alle Fälle zu spät komme; und wenn sie, wie ich aus Erfahrung sagen darf, es nicht können, so wird es am besten getan sein, wenn nicht auch ich über dem Versuche einer Unmöglichkeit die Zeit verliere, und Sie die gute Laune. **I**ch ging dreimal um den Krater herum – den Sie sich als einen ungeheueren Trichter vorstellen können –, und da ich sah, daß ich dadurch wenig oder nichts klüger wurde, so faßte ich kurz und gut den Entschluß, hineinzuspringen. Kaum hatte ich dies getan, so befand ich mich auch in einem verzweifelt warmen Schwitzkasten, und mein armer Leichnam wurde durch die rotglühenden Kohlen, die beständig heraufschlugen, an mehreren Teilen, edlen und unedlen, jämmerlich gequetscht und verbrannt. **S**o stark übrigens die Gewalt war, mit der die Kohlen heraufgeschmissen wurden, so war doch die Schwere, mit der mein Körper heruntersank, ein beträchtliches größer, und ich kam in kurzer Zeit glücklicherweise auf den Grund. Das erste, was ich gewahr wurde, war ein abscheuliches Poltern, Lärmen, Schreien und Fluchen, das rings um mich zu sein schien. – Ich schlug die Augen auf, und siehe da! – ich war in der Gesellschaft Vulkans und seiner Zyklopen. Diese Herren – die ich in meinem weisen Sinne längst ins Reich der Lügen verwiesen hatte – hatten sich seit drei Wochen über Ordnung und Subordination gezankt, und davon war der Unfug in der Oberwelt gekommen. Meine Erscheinung stellte auf einmal unter der ganzen Gesellschaft Friede und Eintracht her. Vulkan hinkte sogleich nach seinem Schranke hin, und holte Pflaster und Salben, die er mir mit eigner Hand auflegte; und in wenigen

Augenblicken waren meine Wunden geheilt. Auch setzte er mir einige Erfrischungen vor, eine Flasche Nektar und andere kostbare Weine, wie nur Götter und Göttinnen zu kosten kriegen. Sobald ich mich etwas erholt hatte, stellte er mich seiner Gemahlin, der Venus, vor, und befahl ihr, mir jede Bequemlichkeit zu verschaffen, die meine Lage forderte. Die Schönheit des Zimmers, in das sie mich führte; die Wollust des Sofas, auf das sie mich setzte; der göttliche Zauberreiz ihres ganzen Wesens; die Zärtlichkeit ihres weichen Herzens – alles das ist weit über allen Ausdruck der Sprache erhaben, und schon der Gedanke daran macht mich schwindeln.

Vulkan gab mir eine sehr genaue Beschreibung von dem Berg Ätna. Er sagte mir, daß derselbe nichts als eine Aufhäufung der Asche wäre, die aus seiner Esse ausgeworfen würde, daß er häufig genötigt wäre, seine Leute zu strafen, daß er ihnen dann im Zorn rotglühende Kohlen auf den Leib würfe, die sie oft mit großer Geschicklichkeit parierten, und in die Welt hinaufschmissen, um sie ihm aus den Händen zu bringen. »Unsere Uneinigkeiten«, fuhr er fort, »dauern bisweilen mehrere Monate, und die Erscheinungen die sie auf der Welt veranlassen, sind das, was ihr Sterbliche, wie ich finde, *Ausbrüche* nennet. Der Berg Vesuv ist gleichfalls eine meiner Werkstätten, zu der mich ein Weg führt, der wenigstens dreihundertfunfzig Meilen unter der See hinläuft. – Ähnliche Uneinigkeiten bringen auch dort ähnliche Ausbrüche hervor.« **G**efiel mir der Unterricht des Gottes, so gefiel mir noch mehr die Gesellschaft seiner Gemahlin, und ich würde vielleicht nie diese unterirdischen Paläste verlassen haben, wenn nicht einige geschäftige schadenfrohe Schwätzer Vulkan einen Floh ins Ohr gesetzt, und ein heftiges Feuer der Eifersucht in seinem gutmütigen Herzen angeblasen hätten. – Ohne mir vorher nur den geringsten Wink zu geben, nahm er mich eines Morgens, als ich eben der Göttin bei ihrer Toilette aufwarten wollte, trug mich in ein Zimmer, das ich niemals noch gesehen hatte, hielt mich über einen tiefen Brunnen, wie es mir vorkam, und *»Undankbarer Sterblicher«*, sagte er, *»kehre zurück zu der Welt, von der du kamst.«* Mit diesen Worten ließ er mich, ohne mir einen Augenblick Zeit zur Verteidigung zu geben, mitten in den Abgrund hinunterfallen. Ich fiel, und fiel mit immer zunehmender Geschwindigkeit, bis die Angst meiner Seele mir endlich alle Besinnung nahm. Plötzlich aber wurde ich aus meiner Ohnmacht aufgeweckt, indem ich auf einmal in eine ungeheuere See von Wasser kam, die durch die Strahlen der Sonne erleuchtet wurde. Ich konnte von meiner Jugend auf gut schwimmen, und alle möglichen Wasserkünste machen. Daher war ich gleich wie zu Hause, und in Vergleichung mit der fürchterlichen Lage, aus der ich eben befreit war, kam mir meine gegenwärtige wie ein Paradies vor. – Ich sah mich auf allen Seiten um, sah aber leider auf allen Seiten nichts als Wasser; auch unterschied sich das Klima, unter dem ich mich nun befand, sehr unbehaglich von Meister Vulkans Esse. Endlich entdeckte ich in einiger Entfernung etwas, das wie ein erstaunlich großer Felsen aussah, und auf mich zuzukommen schien. Bald zeigte sich's, daß es eines der schwimmenden Eisgebirge war. Nach langem Suchen fand ich endlich eine Stelle, an der ich auf dasselbe hinauf, und bis zur obersten Spitze kommen konnte. Allein zu meiner größten

Verzweiflung war es mir auch von hier aus noch unmöglich, Land zu entdecken. Endlich, kurz vor Dunkelwerden, sah ich ein Schiff, das gegen mich zufuhr. Sobald ich nahe genug war, rief ich; man antwortete mir holländisch; ich sprang in die See, schwamm zu dem Schiffe hin, und wurde an Bord gezogen. Ich erkundigte mich wo wir wären, und erhielt die Antwort: im Südmeere. Diese Entdeckung lösete auf einmal das ganze Rätsel. Es war nun ausgemacht, daß ich von dem Berge Ätna durch den Mittelpunkt der Erde in die Südsee gefallen war; ein Weg, der auf alle Fälle kürzer ist, als der um die Welt. Noch hatte ihn niemand versucht als ich, und mache ich ihn wieder, so werde ich gewiß sorgfältigere Beobachtungen anstellen. **I**ch ließ mir einige Erfrischungen geben und ging zu Bette. Ein grobes Volk aber ist es um die Holländer. Ich erzählte meine Abenteuer den Offizieren, ebenso aufrichtig und simpel als Ihnen, meine Herren, und einige davon, vorzüglich der Kapitän, machten Miene, als zweifelten sie an meiner Wahrhaftigkeit. Indes sie hatten mich freundschaftlich in ihr Schiff genommen, ich mußte durchaus von ihrer Gnade leben, und folglich, wollte ich wohl oder übel, den Schimpf in die Tasche stecken. **I**ch erkundigte mich nun wohin ihre Reise ginge. Sie antworteten mir, sie wären auf neue Entdeckungen ausgefahren, und wenn meine Erzählung wahr wäre, so sei ihre Absicht auf alle Fälle erreicht. Wir waren nun gerade auf dem Wege den Kapitän Cook gemacht hatte, und kamen den andern Morgen nach der Botany-Bay – ein Ort, nach dem die englische Regierung wahrhaftig nicht Spitzbuben schicken sollte, um sie zu strafen, sondern verdiente Männer, um sie zu belohnen, so reichlich hat hier die Natur ihre besten Geschenke ausgeschüttet. **W**ir blieben hier nur drei Tage; den vierten nach unserer Abreise entstand ein fürchterlicher Sturm, der in wenig Stunden

alle unsere Segel zerriß, unser Bugspriet zersplitterte, und die große Bramstange umlegte, die gerade auf das Behältnis fiel, in dem unser Kompaß verschlossen war, und das Kästchen und den Kompaß in Stücke schlug. Jedermann, der zur See gewesen ist, weiß, von welchen traurigen Folgen ein solcher Verlust ist. Wir wußten nun weder aus noch ein. Endlich legte sich der Sturm, und es folgte ein anhaltender munterer Wind. Drei Monate waren wir gefahren, und notwendig mußten wir eine ungeheuere Strecke Weg zurückgelegt haben, als wir auf einmal an allem, was um uns war, eine erstaunliche Veränderung bemerkten. Wir wurden so leicht und froh; unsere Nasen wurden mit den angenehmsten Balsamdüften erfüllt; auch die See hatte

ihre Farbe verändert, und war nicht mehr grün, sondern weiß. – **B**ald nach dieser wundervollen Veränderung sahen wir Land, und nicht weit von uns einen Hafen, auf den wir zusegelten, und den wir sehr geräumig und tief fanden. Statt des Wassers war er mit vortrefflich schmeckender Milch angefüllt. Wir landeten, und – die ganze Insel bestand aus einem großen Käse. Wir hätten dies vielleicht gar nicht entdeckt, wenn uns nicht ein sonderbarer Umstand auf die Spur geholfen hätte. Es war nämlich auf unserm Schiffe ein Matrose, der eine natürliche Antipathie gegen den Käse hatte. Sobald dieser ans Land trat, fiel er in Ohnmacht. Als er wieder zu sich selbst kam, bat er, man möchte doch den Käse unter seinen Füßen wegnehmen, und da man zusah, fand sich's, daß er vollkommen recht hatte, die ganze Insel war, wie gesagt, nichts als ein ungeheuerer Käse. Von dem lebten auch die Einwohner größtenteils, und soviel bei Tage verzehrt wurde, wuchs immer des Nachts wieder zu. Wir sahen eine Menge Weinstöcke, mit schönen großen Trauben, die, wenn sie gepreßt wurden, nichts als Milch gaben. Die Einwohner waren aufrecht gehende hübsche Geschöpfe, meistens neun Fuß hoch, hatten drei Beine und einen Arm, und wenn sie erwachsen waren, auf der Stirn ein Horn, das sie mit vieler Geschicklichkeit brauchten. Sie

hielten auf der Oberfläche der Milch Wettläufe, und spazierten, ohne zu sinken, mit so vielem Anstande darauf herum, als wir auf einer Wiese. **A**uch wuchs auf dieser Insel, oder diesem Käse, eine Menge Korn, mit Ähren, die wie Erdschwämme aussahen, in denen Brote lagen, die vollkommen gar waren, und sogleich gegessen werden konnten. Auf unsern Streifereien über diesen Käse entdeckten wir sieben Flüsse von Milch, und zwei von Wein. **N**ach einer sechzehntägigen Reise kamen wir an das Ufer, das dem, an welchem wir gelandet hatten, gegenüberlag. Hier fanden wir eine ganze Strecke des angegangenen blauen Käses, aus dem die wahren Käseesser soviel Wesens zu machen pflegen. Anstatt daß aber Milben darin gewesen wären, wuchsen die vortrefflichsten Obstbäume darauf, als Pfirsiche, Aprikosen, und tausend andere Arten, die wir gar nicht kannten. Auf diesen Bäumen, die erstaunlich groß sind, waren eine Menge Vogelnester. Unter andern fiel uns ein Eisvogelnest in die Augen, das im Umkreise fünfmal so groß war, als das Dach der St.-Pauls-Kirche in London. Es war künstlich aus ungeheueren Bäumen zusammengeflochten, und es lagen wenigstens – warten Sie – denn ich mag gern alles genau bestimmen – wenigstens fünfhundert Eier darin, und jedes war ungefähr so groß als ein Oxhoft. Die

Jungen darin konnten wir nicht nur sehen, sondern auch pfeifen hören. Als wir mit vieler Mühe ein solches Ei aufgemacht hatten, kam ein junges unbefiedertes Vögelchen heraus, das ein gut Teil größer war, als zwanzig ausgewachsene Geier. Wir hatten kaum das junge Tier in Freiheit gesetzt, so ließ sich der alte Eisvogel herunter, packte in eine seiner Klauen unsern Kapitän, flog eine Meile weit mit ihm in die Höhe, schlug ihn heftig mit den Flügeln, und ließ ihn dann in die See fallen. **D**ie Holländer schwimmen alle wie die Ratten; er war bald wieder bei uns, und wir kehrten nach unserm Schiffe zurück. Wir nahmen aber nicht den alten Weg, und fanden daher auch noch viele ganz neue und sonderbare Dinge. Unter andern schossen wir zwei wilde Ochsen, die nur ein Horn haben, das ihnen zwischen den beiden Augen herauswächst. Es tat uns nachher leid, daß wir sie erlegt hatten, da wir erfuhren, daß die Einwohner sie zahm machten, und, wie wir die Pferde, zum Reiten und Fahren gebrauchen. Ihr Fleisch soll, wie man uns sagte, vortrefflich schmecken, ist aber einem Volke, das bloß von Milch und Käse lebt, gänzlich überflüssig. **A**ls wir noch zwei Tagereisen von unserm Schiffe entfernt waren, sahen wir drei Leute, die an hohe Bäume bei den Beinen aufgehängt waren. Ich erkundigte mich, was sie begangen hätten, um eine so harte Strafe zu verdienen, und hörte, sie wären in der Fremde gewesen, und hätten bei ihrer Zurückkunft nach Hause ihre Freunde belogen, und ihnen Plätze beschrieben, die sie nie gesehen, und Dinge erzählt, die sich nie zugetragen hätten. Ich fand die Strafe sehr gerecht; denn nichts ist mehr eines Reisenden Schuldigkeit, als strenge der Wahrheit anzuhängen. **S**obald wir bei unserm Schiffe angelangt waren, lichteten wir die Anker, und segelten von diesem außerordentlichen Lande ab. Alle Bäume am Ufer, unter denen einige sehr große und hohe waren, neigten sich zweimal vor uns, genau in einem Tempo, und nahmen dann wieder ihr vorige gerade Stellung an. **A**ls wir drei Tage umhergesegelt waren, der Himmel weiß wo – denn wir hatten noch immer keinen Kompaß – kamen wir in eine See, welche ganz schwarz aussah. Wir kosteten das vermeinte schwarze Wasser, und siehe! es war der vortrefflichste Wein. Nun hatten wir genug zu hüten, daß nicht alle Matrosen sich darin berauschten. – Allein die Freude dauerte nicht lange. Wenige Stunden nachher fanden wir uns von Walfischen und andern unermeßlich großen Tieren umgeben, unter denen eines war, dessen Größe wir selbst mit allen Fernröhren, die wir zu Hülfe nahmen, nicht übersehen konnten. Leider wurden wir das Ungeheuer nicht eher gewahr, als bis wir ihm ziemlich nahe waren; und auf einmal zog es unser Schiff mit stehenden Masten und vollen Segeln in seinen Rachen zwischen die Zähne, gegen die der Mast des größten Kriegsschiffes ein kleines Stöckchen ist. Nachdem wir einige Zeit in seinem Rachen gelegen hatten, öffnete es denselben ziemlich weit, schluckte eine unermeßliche Menge Wasser ein, und schwemmte unser Schiff, das wie Sie sich leicht denken können, kein kleiner Bissen war, in den Magen hinunter. Und hier lagen wir nun so ruhig, als wenn wir bei einer toten Windstille vor

Anker lägen. Die Luft war, das ist nicht zu leugnen, etwas warm und unbehaglich. – Wir fanden Anker, Taue, Boote, Barken, und eine beträchtliche Anzahl Schiffe, teils beladene, teils unbeladene, die dieses Geschöpf verschlungen hatte. Alles was wir taten, mußte bei Fackeln geschehen. Für uns war keine Sonne, kein Mond und keine Planeten mehr. Gewöhnlich befanden wir uns zweimal des Tages auf hohem Wasser, und zweimal auf dem Grunde. Wenn das Tier trank, so hatten wir Flut, und wenn es sein Wasser ließ, so waren wir auf dem Grunde. Nach einer mäßigen Berechnung nahm es gemeiniglich mehr Wasser zu sich, als der Genfer See hält, der doch einen Umfang von dreißig Meilen hat. **A**m zweiten Tage unserer Gefangenschaft in diesem Reiche der Nacht, wagte ich es bei der Ebbe, wie wir die Zeit nannten, wenn das Schiff auf dem Grunde saß, nebst dem Kapitän und einigen Offizieren, eine kleine Streiferei zu tun. Wir hatten uns natürlich alle mit Fackeln versehen, und trafen nun gegen zehntausend Menschen aus allen Nationen an. Sie wollten gerade eine Beratschlagung halten, wie sie wohl ihre Freiheit wieder erlangen könnten. Einige von ihnen hatten schon mehrere Jahre in dem Magen des Tieres zugebracht. Eben als der Präsident uns über die Sache unterrichten wollte, wegen der wir versammelt waren, wurde unser verfluchter Fisch durstig, und fing an zu trinken; das Wasser strömte mit solcher Heftigkeit herein, daß wir alle uns augenblicklich nach unsern Schiffen retirieren, oder riskieren mußten zu ertrinken. Verschiedene von uns retteten sich nur mit genauer Not durch Schwimmen. **E**inige Stunden nachher waren wir glücklicher. Sobald sich das Ungeheuer ausgeleert hatte, versammelten wir uns wieder. Ich wurde zum Präsidenten gewählt, und tat den Vorschlag zwei der größten Mastbäume zusammenzufügen, diese, wenn das Ungeheuer den Rachen öffnete, zwischen zu sperren, und so das Zuschließen ihm zu verwehren. Dieser Vorschlag wurde allgemein angenommen, und hundert starke Männer zu der Ausführung desselben ausgesucht. Kaum hatten wir unsre zwei Mastbäume zurechtegemacht, so bot sich auch eine Gelegenheit an, sie zu gebrauchen. Das Ungeheuer gähnte, und sogleich keilten wir unsere zusammengesetzten Mastbäume dazwischen, so daß das eine Ende durch die Zunge durch, gegen den untern Gaumen, das andere gegen den obern stand; wodurch denn wirklich das Zumachen des Rachens ganz unmöglich gemacht war, selbst, wenn unsere Maste noch viel schwächer gewesen wären.

Sobald nun alles in dem Magen flott war, bemannten wir einige Boote, die sich und uns in die Welt ruderten. Das Licht des Tages bekam uns nach einer, soviel wir beiläufig rechnen konnten, vierzehntägigen Gefangenschaft unaussprechlich wohl. – Als wir uns sämtlich aus diesem geräumigen Fischmagen beurlaubt hatten, machten wir gerade eine Flotte von fünfunddreißig Schiffen aus, von allen Nationen. Unsere Mastbäume ließen wir in dem Rachen des Ungeheuers stecken, um andere vor dem schrecklichen Unglücke zu sichern, in diesen fürchterlichen Abgrund von Nacht und Kot eingesperrt zu werden.

Unser erster Wunsch war nun, zu erfahren, in welchem Teile der Welt wir uns befänden, und anfänglich konnten wir darüber gar nicht zur Gewißheit kommen. Endlich fand ich nach vormaligen Beobachtungen, daß wir in der

Kaspischen See wären. Da diese See ganz mit Land umgeben ist, und keine Verbindung mit andern Gewässern hat, so war es uns ganz unbegreiflich, wie wir dahingekommen wären. Doch einer von den Einwohnern der Käseinsel, den ich mit mir gebracht hatte, gab uns einen sehr vernünftigen Aufschluß darüber. Nach seiner Meinung hatte uns nämlich das Ungeheuer, in dessen Magen wir so lange eingesperrt waren, durch irgendeinen unterirdischen Weg hiehergebracht. – Genug, wir waren nun einmal da, und freueten uns daß wir da waren, und machten, daß wir sobald als möglich ans Ufer kamen. Ich war der erste, der landete.

Kaum hatte ich meinen
Fuß auf das Trockene gesetzt, so kam ein dicker Bär gegen mich angesprungen. ›Ha‹, dacht' ich, ›du kommst mir eben recht.‹ Ich packte mit jeder Hand eine seiner Vorderpfoten, und drückte ihn erst zum Willkomm so herzlich, daß er greulich zu heulen anfing: ich aber, ohne mich dadurch rühren zu lassen, hielt ihn so lange in dieser Stellung, bis ich ihn zu Tode gehungert hatte. Dadurch setzte ich mich bei allen Bären in Respekt, und keiner wagte sich, mir wieder in die Quere zu kommen.

Ich reisete von hier aus nach Petersburg, und bekam dort von einem alten Freunde ein Geschenk, was mir außerordentlich teuer war, nämlich einen Jagdhund, der von der berühmten Hündin abstammte, die, wie ich Ihnen schon einmal erzählte, während sie einen Hasen jagte, Junge warf. Leider wurde er mir bald nachher von einem ungeschickten Jäger erschossen, der statt einer Kette Hühner den Hund traf, der sie stand. Ich ließ mir zum Andenken aus dem Felle des Tieres diese Weste hier machen, die mich immer, wenn ich zur Jagdzeit ins Feld gehe, unwillkürlich dahin bringt, wo Wild zu finden ist. Bin ich nun nahe genug, um schießen zu können, so fliegt ein Knopf von meiner Weste weg, und fällt auf die Stelle nieder, wo das Tier ist; und da ich immer meinen Hahnen gespannt und Pulver auf meiner Pfanne habe, so entgeht mir nichts. – Ich habe nun, wie Sie sehen, nur noch drei Knöpfe übrig, sobald aber die Jagd wieder aufgeht, soll meine Weste auch wieder mit zwei neuen Reihen besetzt werden.

Besuchen Sie mich alsdann, und an Unterhaltung soll es Ihnen gewiß nicht fehlen. Übrigens für heute empfehle ich mich, und wünsche Ihnen angenehme Ruhe.

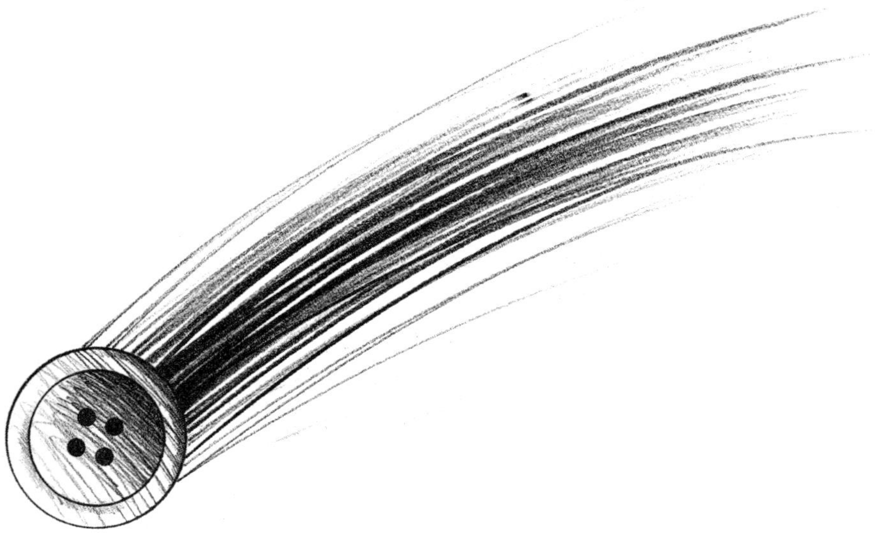

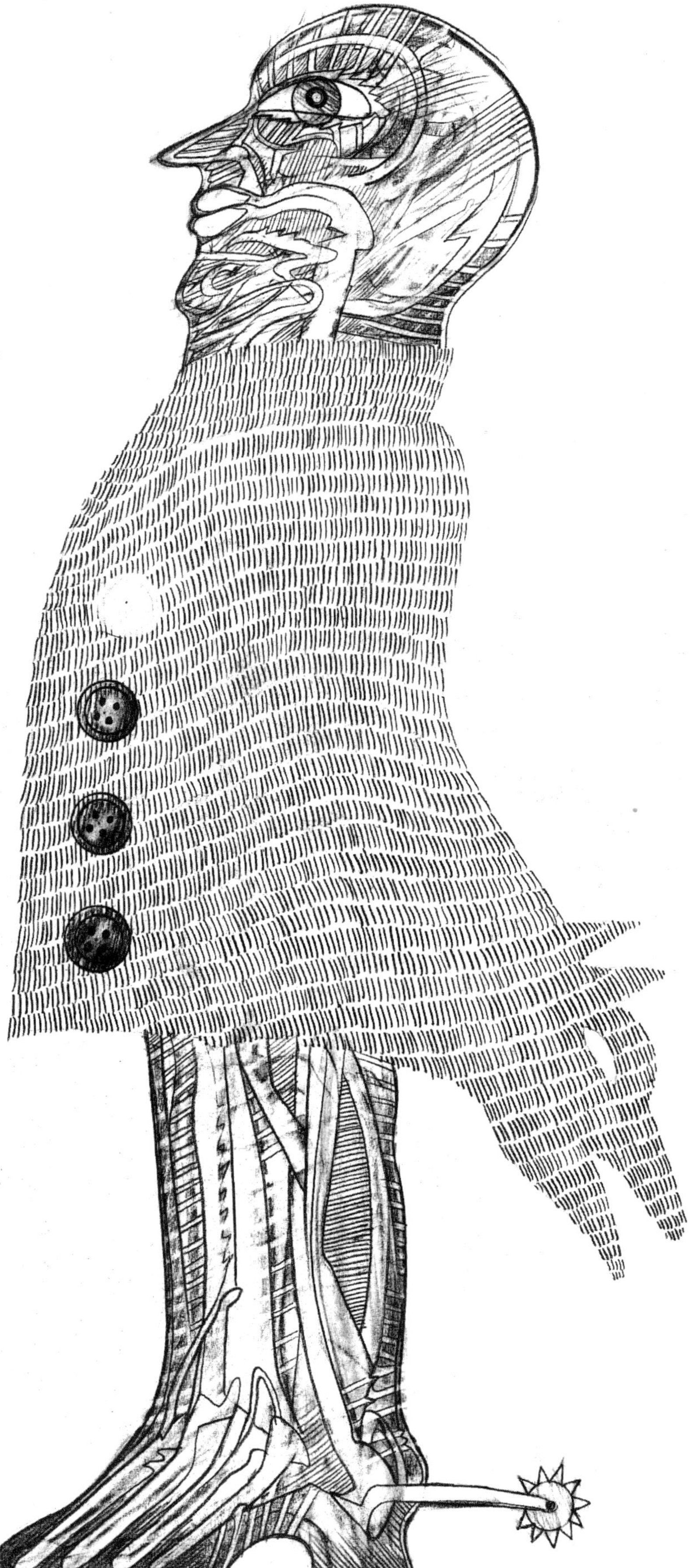

Anhang

NACHBEMERKUNG ZU »MÜNCHHAUSEN« **D**ruckvorlage: *Wunderbare Reisen zu Wasser und Lande, Feldzüge und lustige Abenteuer des Freiherrn von Münchhausen.* Nach der Ausgabe von 1788. Herausgegeben von Irene Ruttmann. Stuttgart: Philipp Reclam jun. 1969 – Erstdruck: London (das ist Göttingen: Dieterich) 1786. Zweyte vermehrte Ausgabe. London (das ist Göttingen: Dieterich) 1788. Bürgers Ausgabe letzter Hand. – Dieterich veranstaltete ohne Bürgers Wissen im selben Jahr 1788 einen Nachdruck mit gleicher Paginierung, aber neuem Satz, der über 500 Fehler und Abweichungen von der Originalausgabe enthält. Der Nachdruck ist an der abgenutzten Schrift, dem schlechteren Papier, einem größeren Schriftgrad des Inhaltsverzeichnisses und daran zu erkennen, daß er auf Seite 165 nicht wie das Original eine 29. Zeile aufweist. – Hans von Müller veranstaltete einen Nachdruck der Originalausgabe, Leipzig: Insel-Verlag 1906. Diesem Nachdruck folgt auch der Text der Reclam-Ausgabe. In diesem Text ist die Interpunktion beibehalten, die Orthographie unter Wahrung des Lautstandes behutsam modernisiert. **B**ürger hat sich nicht zu seiner Autorschaft am *Münchhausen* bekannt. Beide Ausgaben erschienen anonym, und der fingierte Druckort London trug zur Wahrung des Geheimnisses bei. Vermutlich wollte Bürger seine sowieso schon ausgesetzte Stellung als Dozent an der Göttinger Universität nicht noch zusätzlich als Verfasser von Lügengeschichten in Verruf bringen. Außerdem mag Rücksicht auf den in Bodenwerder, nicht weit von Göttingen lebenden Freiherrn Hieronymus Karl Friedrich von Münchhausen mit im Spiel gewesen sein. Erst 1798, vier Jahre nach Bürgers Tod, verzeichnet Ludwig Christoph Althof, der mit Bürger befreundete Arzt, in seiner Biographie, *Einige Nachrichten von den vornehmsten Lebensumständen Gottfried August Bürgers; nebst einem Beitrage zur Charakteristik desselben* (Göttingen 1798), den *Münchhausen* unter Bürgers Schriften. Karl Reinhard nimmt dann das Werk, nach der zweiten Ausgabe, in den sechsten Band der unvollendet gebliebenen *Sämtlichen Werke* auf (Hamburg 1813). Von da an galt Bürger als der ursprüngliche Verfasser.

Als 1824 in einem Artikel des *Mindenschen Sonntagsblatts* (40. Stück) behauptet wurde, Bürger habe die bekannten Lügengeschichten des Freiherrn von Münchhausen gesammelt und sie, um seine Schulden damit zu tilgen, zugleich im Englischen und im Deutschen veröffentlicht, lüftete Karl Reinhard das Geheimnis: »Die Sammlung hat den verstorbenen Professor Raspe zum Verfasser, der sie nach seiner Flucht aus Cassel in England herausgab, wo sie großen Beifall fand 〈...〉. Bürger übersetzte sie 〈...〉 ohne Nennung seines Namens aus dem Englischen ins Deutsche.« *Berliner Gesellschafter*, November 1824, S. 937. Vorher hatte schon Johann Georg Meusel in seinem Werk *Das gelehrte Teutschland oder Lexikon der jetzt lebenden teutschen Schriftsteller.* (5. Ausgabe. Bd. 11, Lemgo 1811, S. 49) darauf hingewiesen, daß Raspe »die Münchhausenschen Lügen ins Englische übersetzte«, ohne daß diese Mitteilung jedoch ins Bewußtsein der Öffentlichkeit drang. **H**ieronymus Karl Friedrich von Münchhausen, am 11. Mai 1720 in Bodenwerder an der Weser geboren, kam mit dreizehn Jahren als Page an den Hof des Herzogs Karl von Braunschweig (1713–1780) und begleitete 1737 den Bruder des regierenden Herzogs, den Prinzen Anton Ulrich von Braunschweig, als Fähnrich, später als Leutnant nach Rußland, wo er möglicherweise am russisch-türkischen Krieg (1735–1739) teilnahm. Im Dienste der Zarin Elisabeth beteiligte er sich am Krieg gegen Schweden, heiratete 1744 in Livland, wurde 1750 zum Rittmeister befördert, erhielt im gleichen Jahre Urlaub und scheint sich seitdem zeit seines Lebens auf seinem Stammgut in Bodenwerder aufgehalten zu haben. Nach dem Tode seiner Frau 1790 heiratete er die junge leichtfertige Tochter des Majors von Brunn, Bernhardine, und starb – in seinen letzten Lebensjahren verbittert – am 22. Februar 1797. Als leidenschaftlicher Jäger und begabter Erzähler abenteuerlicher Geschichten erwarb sich der Landadelige Ruhm als »Lügenbaron« weit über seine nähere Umgebung hinaus. **I**m achten Band des von August Mylius in Berlin verlegten *Vade Mecum für lustige Leute, enthaltend eine Sammlung angenehmer Scherze, witziger Einfälle und spaßhafter kurzer Historien aus* *den besten Schriftstellern zusammengetragen* (10 Teile, 1767–1792) erschien nämlich 1781 – Münchhausen war also 61 Jahre – anonym eine Reihe von sechzehn Anekdoten unter dem Titel *M–h–s–nsche Geschichten*, die eingeleitet wurden: »Es lebt ein sehr witziger Kopf, Herr von M–h–s–n im H-schen, der eine eigne Art sinnreicher Geschichten aufgebracht, die nach seinem Namen benannt wird, obgleich nicht alle von ihm sein mögen. Es sind Erzählungen voll der unglaublichsten Übertreibungen, dabei aber so komisch und launigt, daß man, ohne sich um die Möglichkeit zu bekümmern, von ganzem Herzen lachen muß: in ihrer Art wahre Hogarthsche Karikaturen. Unsere Leser, denen aber vielleicht schon manche davon durch mündliche Überlieferung bekannt sind, sollen hier einige der vorzüglichsten davon finden. Das Komische wird erhöht, wenn der Erzähler alles als selbst gesehen oder selbst getan vorträgt.« Zwei weitere Lügengeschichten folgten 1783 im neunten Band des *Vade Mecum*. **G**rößere Verbreitung fanden diese Erzählungen jedoch erst in englischer Version von Rudolf Erich Raspe. Raspe (1737–1794), aus Hannover stammend, war nach juristischem Studium in Göttingen und Leipzig zunächst Bibliothekssekretär in Hannover, seit 1767 Professor der Altertumskunde am Collegium Carolinum in Kassel und dort zugleich Inspektor der Kunst- und Münzsammlungen des Landgrafen Friedrich II. von Hessen. Vielseitig begabt und interessiert machte er sich außerdem durch poetische Versuche, Übersetzungen, als Zeitschriftenherausgeber und durch wissenschaftliche Abhandlungen über Malerei, Mineralogie und Geologie einen Namen. Er selbst setzte seiner Karriere ein Ende, als er 1775 eine beträchtliche Menge der ihm zur Überwachung anvertrauten Münzen stahl. Er wurde steckbrieflich gesucht und floh nach England. Seiner Existenz beraubt und bald aus der »Royal Society«, der er angehörte, ausgeschlossen, mußte er nun notdürftig seinen Lebensunterhalt durch schriftstellerische und übersetzerische Arbeiten verdienen. Sein Sprachtalent befähigte ihn zu nicht geringen Leistungen. So übersetzte er unter anderem Lessings *Nathan* ins Englische, Leibniz ins

Französische und Teile aus Percys *Reliques of ancient poetry* und aus dem *Ossian* ins Deutsche. Als Gelegenheitsarbeit mit Erfolgsaussicht mußten ihm auch die Erzählungen aus dem *Vade Mecum* willkommen sein. Möglicherweise hatte er früher selber an dieser Sammlung mitgearbeitet. Und manche Anhaltspunkte sprechen sogar dafür, daß er es war, der die *M-h-s-nschen Geschichten* in England verfaßt und an den Berliner Verleger eingesandt hat. Beweise dafür fehlen jedoch. 1785 ließ er – wiederum anonym – mit der Jahreszahl 1786 in englischer Übersetzung folgendes Buch erscheinen: *Baron Munchhausen's Narrative of his Marvellous Travels and Campaigns in Russia. Humbly Dedicated and Recommended to Country Gentlemen; and, if they Please, to be Repeated as their Own, after a Hunt, at Horse Races, in Watering Places, and Other such Polite Assemblies; Round the Bottle and Fireside* (Oxford, Cambridge, London 1786). Er hatte die einzelnen Erzählungen überarbeitet, sie teilweise anders komponiert und durch Überleitungen zu einem fortlaufenden Ganzen verbunden, dabei den Namen des Freiherrn genannt und die Kriegsabenteuer in den russisch-türkischen Krieg verlegt. Das Unternehmen erwies sich als erfolgreich: 1786 folgte schon eine zweite, im selben Jahr eine dritte Auflage, datiert mit dem 20. April 1786, die zusätzlich fünf Seeabenteuer enthält. **D**iese dritte englische Ausgabe war Vorlage für Bürgers erste Übersetzung von 1786. Bürger erhielt das englische Buch vermutlich von einem jungen Engländer, dem Sohn eines Lord Lisburne, den er im Frühjahr 1786 aus Brüssel, wohin dessen Vater ihn gebracht hatte, abholte, um ihn zum Studium unter seiner Aufsicht nach Göttingen zu nehmen. Bürger traf Anfang Juni mit seinem Schützling in Göttingen ein und begab sich zweieinhalb Monate später, am 18. August 1786, auf eine Reise nach Gotha, Erfurt, Weimar und Jena. Da Bürgers *Münchhausen* zur Michaelismesse 1786 erschien, muß er ihn zwischen den beiden Reisen, von Anfang Juni bis Mitte August, übersetzt und umgestaltet haben. **B**ürgers eigener Anteil sind die Geschichten von dem Entenfang mit Speck, vom Arm, der nicht aufhören wollte zu hauen, vom Ritt auf der

Kanonenkugel, vom Sprung mit dem Pferd durch die Kutsche, von der Rettung aus dem Morast am eigenen Zopf, vom Bärenfang an der Weichsel und von den fünf sehr brauchbaren Subjekten. Ebenso ist der Scherz von dem englischen Hofkutscher, der mit der Peitsche die Initialen des englischen Königs knallen konnte, Bürgers Erfindung. Bürger hat außerdem seine Vorlage stilistisch überarbeitet, eine volkstümlichere und witzigere Sprache geschaffen und den Text durch satirische, zeitkritische Anspielungen bereichert. **I**n Deutschland wie auch in England wurde der jeweilige *Münchhausen* gut abgesetzt. Dieterich ließ trotz schlechter Kritik die erste Ausgabe zweimal nachdrucken; in England war 1787 die fünfte, um phantastische Seeabenteuer erweiterte, aus der zeitgenössischen Reiseliteratur und vor allem aus Lukians *Wahrer Geschichte* schöpfende Auflage erschienen, die schon (seit der vierten Auflage) durch ihren neuen Titel, *Gulliver Revived*, zu erkennen gab, daß Raspe das Gewicht von den Erzählungen des Freiherrn von Münchhausen aus Bodenwerder jetzt auf die imaginären Reisen abenteuerlicher Romane und Utopien verlegt hatte. Bürger benutzte diese fünfte Auflage als Vorlage für seine zweite Version von 1788. Er bereicherte sie um die Erzählungen von dem General mit der silbernen Hirnschale, von der Hühnerjagd mit dem Ladestock, von der Rettung Münchhausens durch den gefrorenen Harnstrahl, von den Taten des Hühnerhundes Piel und von den Kriegs- und Liebestaten der hinteren Hengsthälfte, während er einige Episoden, die dem spezifisch englischen Publikum galten, ausließ, teilweise Raspes neue Anordnung umänderte und wiederum einige satirische Anspielungen hinzufügte, die möglicherweise auf Lichtenbergs Mitwirkung zurückgehen. In den Erläuterungen sind diese einzeln aufgeführt. Insgesamt ist etwa ein Drittel des *Münchhausen* Bürgers eigener Anteil. Daß er dennoch heute allgemein als ein Werk Bürgers gilt, resultiert aus dem ganz eigenen, volkstümlich-witzigen Sprachgestus Bürgers. Hier konnte er seine Vorstellungen von Volkstümlichkeit – mehr noch als in den Gedichten – erfolgreich in die Praxis umsetzen. »**W**as dem Buch die unerhörte Liebe von jung und alt eintrug, ist neben dem Inhalt der Ton, in dem es vorgetragen ist, der Stil. Was Voss für die homerischen Epen, August Wilhelm Schlegel für Shakespeare sind, ist Bürger für den *Münchhausen.* Er macht aus dem fremden Wunderwerk ein deutsches. Und damit nahm er eigentlich teil an jener großen klassisch-romantischen Bewegung, deren Ziel die Schaffung einer Weltliteratur war.« (Schweizer, 1969, S. 81). Bürgers *Münchhausen* ist Quelle und Vorbild einer langen Reihe von Nachahmungen, Fortsetzungen, Erweiterungen und Neuschöpfungen bis in die Gegenwart.

ERLÄUTERUNGEN ZUM TEXT **Wunderbare Reisen:** Der Titel erinnert an Christian Reuter (1665–1712): *Schelmuffskys wahrhaftige curiose und sehr gefährliche Reisebeschreibung zu Wasser und Land* (1696), die Bürger kannte und in seiner Bibliothek besaß. **Glaubt's nur:** leicht verändertes Zitat aus Wieland: *Die Titanomachie oder das neue Heldenbuch. Ein burleskes Gedicht* (1775), 1. Gesang, Vers 17 f. **das lange Messer zu handhaben:** aufschneiden, angeben. **lauersam:** lauernd. **in pontificabilibus:** im bischöflichen Ornat. **Rollenhagen:** Georg Rollenhagen (1542–1609): *Froschmeuseler. Der Frösch und Meuse wunderbare Hoffhaltunge* (1595). Didaktisches Tierepos in der Tradition des niederdeutschen *Reinke de Vos,* zum Zwecke des Erlernens von Weisheit, Tugend und guter Sitten geschrieben, enthält auch satirische Kritik an aktuellen politischen und religiösen Erscheinungen der Reformationszeit. Der Stoff stammt aus dem antiken, irrtümlich Homer zugeschriebenen Epos *Batrachomyomachia.* Der Arzt Gerhard Anton Gramberg regte Bürger 1781 zu einer neuen Herausgabe des *Froschmeuseler* an, die bei Cramer in Bremen erscheinen sollte. Bürger begann eine Bearbeitung, führte den Plan jedoch nicht aus. **Ingermanland:** Nach dem westfinnischen Stamm der Ingern benannte Landschaft Rußlands, südlich des Finnischen Meerbusens. **Bonton:** bon ton, feine Lebensart. **silberne Platte:** Der Göttinger Professor August Gottlieb Richter (1742–1812) führt in seinem Lehrbuch *Anfangsgründe der Wundarzneykunst,* 7 Bände, Göttingen 1782–1804, Bd. 2 (1786), § 199, ähnliche unglaubliche Vorfälle auf. Möglicherweise inspirierte Lichtenberg Bürger zu dieser Episode, um Richters Darstellungsweise lächerlich zu machen. **Hundelinie:** ›Linie‹, im 18. Jahrhundert üblich für Seil, Leine. **Lunte:** Fuchsschwanz (Jägersprache). **Bache:** Weibliches Wildschwein. **St. Hubert:** Sankt Hubertus soll nach der christlichen Legende (10. Jahrhundert) an einem Feiertag gejagt haben, aber durch die Erscheinung eines Hirsches mit einem Kreuz im Geweih bekehrt worden sein. Er starb als Bischof von Lüttich 728. Diese Legende wurde mit der Sage vom *Wilden Jäger* verquickt. Bürger kannte die Hubertus-Legende aus Friedrich Ulrich Stisser: *Forst- und Jagd-Historie*, Leipzig 1754, die er selber besaß. **seiner Ritter:** Die Ritter des 1444 von Herzog Gerhard V. von Jülich gestifteten Ordens tragen ein Ordenskreuz, das auf einem Mittelschild die Bekehrungsgeschichte des heiligen Hubertus zeigt. **a posteriori:** wörtlich: von hinten herein, zu **a priori:** von vorne herein. Wortspiel nach übertragenen Bedeutungen der Erkenntnistheorie Kants: ›vom Späteren her‹, aus der Erfahrung im Gegensatz zu ›vom Früheren her‹, unabhängig von Erfahrung, aus Vernunftgründen. **Roller:** grober Schrot. **Klafter:** altes Längenmaß (6 Fuß), 1,7 bis 1,9 m. **gesetzt:** Junge geworfen. **Graf Münnich:** Burkhard Christoph Graf von Münnich (1683–1767); als Feldmarschall der Russen eroberte er im russisch-türkischen Krieg (1735–1739) 1736/37 die Krim. Er stürzte 1740 nach dem Tode der Kaiserin Anna den von ihr eingesetzten Regenten Biron, wurde nach dem Staatsstreich Elisabeths 1741 nach Sibirien verbannt, 1762 unter Peter III. wieder zurückgerufen. **Bucephal:** Lieblingspferd Alexanders des Großen (366–323 v. Chr.). **Feldzuge unter Zar Peter am Pruth:** Peter I. wurde 1711 im russisch-türkischen Krieg am Pruth von den Türken umzingelt und zum Friedensschluß gezwungen. **Kannengießer:** Schwätzer, Stammtischpolitiker. **Oczakow:** türkische Festung in der Hafenstadt Otschakow an der Dnjepr-Mündung, wurde von den Russen im russisch-türkischen Krieg erobert. **blutgierigste Erwartungen:** »sanguine« in englischer Version, Irrtum Bürgers; gemeint ist: ›kühnste Erwartungen‹. **pêle-mêle:** durcheinander, gemischt. **Kurschmied:** Pferdearzt. **Zeit der großen Revolution:** Staatsstreich der Zarin Elisabeth 1741. Sie verbannte Anna Leopoldowna und ihren Gemahl Anton Ulrich von Braunschweig (bei dem der historische Münchhausen als Page diente), die die Regentschaft für ihren Sohn, Iwan VI. geführt hatten, der – erst 1740 geboren – von Anna Leopoldowna zum Zaren bestimmt war. **Ohne Lieb und ohne Wein:** Trinklied aus der Oper *Die verwandelten Weiber* (1768) von Christian Felix Weiße (1726–1804), komponiert von Johann Adam Hiller (1728–1804). **Als ich auf meiner Bleiche:** Lied aus der Oper *Die Jagd* (1770) von Christian Felix Weiße, komponiert von Johann Adam Hiller. **Gestern abend war Vetter Michel da:** populäres Lied eines unbekannten Verfassers. **Nun ruhen alle Wälder:** Lied von Paul Gerhardt (1607–1676). **Dunen:** niederdeutsch: Daunen. **Staaten von Holland:** Gemeint sind die ›Generalstaaten‹, das Parlament, das durch die Abgeordneten der Provinzialstände in der 1581 durch Trennung von Spanien gegründeten Republik der Vereinigten Niederlande gebildet wurde. **Blanchards Hammel:** François Jean Pierre Blanchard (1738–1809), französischer Luftschiffer, unternahm seit 1784 mehrere Fahrten mit einem Luftballon und ließ vorher einen Ballon aufsteigen, der einen Hammel mit sich führte. 1785 überquerte Blanchard in einem Ballon den Ärmelkanal. Diese Anspielung geht vermutlich auf Lichtenberg zurück, der sich mehrfach über Blanchard mokierte. Vergleiche die Fortsetzung dieser Anspielung im *Vierten Seeabenteuer*. **Kazike:** indianische Bezeichnung für Stammeshäuptling in Mittelamerika. Das Folgende eine von Raspe übernommene Anspielung auf den Landgrafen von Hessen-Kassel, der seine Landeskinder als Soldaten an England verkaufte. **vierzig Pariser Fuß, sieben Zoll:** etwas über 13 m. 1 Pariser Fuß = 32 cm, 1 Zoll = 1/10 Fuß. **Kürsner:** Kürschner. **Bogspriet:** Bugspriet (niederländisch), ein über den Bug des Schiffes schräg aufragender Mast. **sich sömmernd:** in der (Sommer-)Sonne liegend, sich sonnend. **Oberlof:** Oberdeck. **Mare di Marmora:**

Marmarameer, durch den Bosporus mit dem Schwarzen Meer verbunden. **Seraglio:** Serail, Palast. **wie ein Franzose aussah:** weitere Anspielung auf Blanchard. **Berlocken:** Uhrkettenanhängsel. **Moderata durant:** Maßvolles, Besonnenes dauert, braucht Zeit. **Asahel:** Neffe Davids; »Asahel aber war schnellfüßig wie ein Reh auf dem Felde« (2. Buch Samuel, 2, 18). **Kuchenreuter:** Joseph Bartholomäus Kuchenreuter, Hersteller von Schießwaffen in Regensburg, 18. Jahrhundert. **Sir John Falstaff:** Figur in Shakespeares *Heinrich IV.* und *Die lustigen Weiber von Windsor.* **Bei:** türkischer Titel für Offiziere und höhere Beamte. **Weiber:** so übersetzte Bürger irrtümlich ›wives‹. Gemeint sind hier Ehefrauen. **in partem salarii:** als Teil des Gehalts. **Aller Augen:** Aller Augen warten auf dich . . ., Tischgebet nach Psalm 145, 15. **Kaiser Karl dem Sechsten:** deutscher Kaiser, regierte 1711–1740; ihm folgte seine Tochter Maria Theresia (1740–1780). **Assignation:** Geld-, Zahlungsanweisung. **insinuieren:** zutragen. **Jagemann:** Der Weimarer Bibliothekar Christian Joseph Jagemann (1737–1804) hatte sich 1786 im *Deutschen Museum,* S. 387–422, 497–530 mit einer *Ehrenrettung Italiens wider die Bemerkung des Herrn Hauptmann von Archenholz* gegen die Charakterisierung Italiens des Reiseschriftstellers Johann Wilhelm von Archenholz (1743–1812) in dessen bekanntem Buch *England und Italien* (Leipzig 1785) gewandt. **Loretto:** Wallfahrtsort in Mittelitalien. **Partisan:** hier: Reisebegleiter. **Baron Tott:** François Baron de Tott (1733–1793): *Mémoires sur les Turcs et les Tartares,* 4 Bände, 1784. Die auch ins Englische übersetzten Berichte des französischen Generals und Diplomaten wurden teilweise für unglaubwürdig gehalten. **Bassa:** türkischer Titel für Offiziere und höhere Beamte. **Ganganelli:** Lorenzo Ganganelli (1705–1774) war als Clemens XVI. 1769–1774 Papst. **Belagerung von Gibraltar:** Dieser Bericht schon bei Raspe. Vergleiche aber Lichtenberg: Simple, jedoch authentische Relation von den curieusen schwimmenden Batterien, wie solche anno 1782 am 13. und 14. Septembris unvermutet zu schwimmen aufgehört, nebst dem, was sich auf dem Felsen Calpe, gemeiniglich der Fels von Gibraltar genannt, und um denselben, sowohl in der Luft als auf dem Wasser zugetragen. In: Göttingisches Magazin der Wissenschaften und Litteratur 3 (1783), 4. Stück, S. 616–635. **Lord Rodney:** Der englische Admiral Georges Brydges Rodney (1718–1792) bewirkte 1780 bei St. Vincent einen Sieg über die spanische Flotte im nordamerikanischen Unabhängigkeitskrieg, 1782 besiegte er die französische Flotte in Westindien. Die Belagerung der englischen Festung Gibraltar durch französische und spanische Truppen erfolgte 1779–1783. **Eliott:** General George Augustus Eliott (1717–1790), Gouverneur von Gibraltar, verteidigte die Festung gegen Spanier und Franzosen, die auf Seiten der nordamerikanischen Kolonien deren Unabhängigkeit unterstützten und England in diesem Zusammenhang auch in Gibraltar angriffen. **Virgil, Aeneis:** II, 1. Bürger ahmt nach dem Virgil-Zitat den hexametrischen Vers nach. **Dollond:** Der englische Optiker John Dollond (1706–1761) erfand das achromatische Fernrohr, ohne die störenden Farbränder. **Barbarei:** gemeint ist Berberei, die von den Berbern bewohnte Küste Nordafrikas. **Lafette:** Untergestell des Geschützes. **Graf von Artois:** (1757–1836), Bruder Ludwig XVI., er nahm 1782 an der Belagerung Gibraltars teil; 1824–1830 war er als Karl X. König von Frankreich. **Drinkwater:** John Drinkwater (1762–1844): *A History of the Siege of Gibraltar*, 1779–1783, with a Description and Account of that Garrison from the Earliest Period. London 1785. **Frau des Urias:** Nach dem 2. Buch Samuel, 11 verführte David Bathseba, die Frau des Urias, und schickte Urias in die Schlacht, in der er fiel. **mit untergelegten Pferden:** mit ausgewechselten Pferden. **Plagiarius:** Plagiator. **gewilddiebt:** Anspielung auf die Shakespeare-Rezeption im Sturm und Drang. **Sir Thomas Lucys Wildbret:** Unbewiesener Überlieferung nach soll Shakespeare in seiner Jugend in Sir Thomas Lucys Besitz bei Stratford gewildert haben und dafür bestraft worden sein. Er habe daraufhin Stratford verlassen. **Königin Elisabeth:** I. (1558–1603). **Helvoetsluys:** Hellevoetssluis, Hafen in Südholland. **Buffon:** Georges Louis

Leclerc, Comte de Buffon (1707–1788): *Histoire naturelle générale et particulière.* 36 Bände. Paris 1749–1788. **Philanthropine:** Der Aufklärer Johann Bernhard Basedow (1723–1790) gründete 1774 in Dessau eine gegen Humanismus und Pietismus gerichtete, auf die Vermittlung praktischer Fähigkeiten, moderner Sprachen und Leibesübung zielende Erziehungsanstalt im Sinne des Natürlichkeitsideals der Aufklärung, die er *Philanthropin* (Schule der Menschenfreundschaft) nannte. Weitere Philanthropine von Joachim Heinrich Campe (1744–1811), Christian Gotthilf Salzmann (1744–1811) u. a. Die Anspielung geht vermutlich auf Lichtenberg zurück, der sich des öfteren gegen Basedow wandte. **Rosinante:** Die Schindmähre Don Quijotes in dem Roman von Cervantes. **Kunst Tote zu erwecken:** Anspielung auf die verbreitete volksaufklärerische Schrift von Rudolph Zacharias Becker: *Noth- und Hülfs-Büchlein für Bauersleute oder lehrreiche Freuden- und Trauer-Geschichte des Dorfs Mildheim. Für Junge und Alte beschrieben.* Gotha, Leipzig 1788 (Nachdruck der Erstausgabe hg. von Reinhart Siegert. Dortmund 1980). Unter den vielen praktischen Ratschlägen findet sich auch eine Anweisung, Ertrunkene wieder zum Leben zu erwecken. S. 331–339. **Wapping:** Stadtteil von London. **Königs:** Georg III. (1760–1820). **Bermondsey und Deptford:** Stadtteile von London. **Kapitän Phipps:** Der englische Seefahrer Constantin John Phipps, Baron Mulgrave (1744–1792) suchte 1773 nach Indien zu kommen, geriet aber in die Nähe des Nordpols. Er veröffentlichte *A Journal of the Voyage* (1773), *A Voyage toward the North Pole* (1774, deutsch 1777). **Simson:** Simson erschlug mit einem Eselskinnbacken tausend Philister (Juden). Buch der Richter 15. **Kaiserin von Rußland:** Katharina II. (1762–1796). **Dolgaroucki:** Fürst Wassilij Michailowitsch Dolgorukij-Krimski (1722–1782) eroberte als Feldherr der Kaiserin Katharina II. im ersten russisch-türkischen Krieg (1768–1774) 1771 die Krim. **Kapitän Hamilton:** Vermutlich Anspielung auf den Seefahrer Alexander Hamilton, der jedoch früher lebte. 1727 erschien sein *New Account of the East Indies.* **markierte:** witterte Wild. **akkordiert:**

vereinbart. **Gulliver:** In Jonathan Swifts (1667–1745) Roman *Travels into Several Remote Nations of the World, by Lemuel Gulliver* (1726) gerät Gulliver in das Land der Riesen: Brobdignag. **Eldorado:** sagenhaftes Goldland in Südamerika. **Otahiti:** alter Name für Tahiti. **Hundsstern:** Sirius, im Sternbild des großen Hundes. **lunarischer Theologe:** vermutlich von Lichtenberg beeinflußte Anspielung auf den Schweizer Theologen Johann Caspar Lavater (1741–1801), der in seinen *Physiognomischen Fragmenten zur Beförderung der Menschenkenntnis und Menschenliebe,* 4 Bde., Leipzig, Winthertur 1775–1778, ausführte, wie aus dem Äußeren, der »Schale«, aus Gesicht und Gebärde, der Charakter eines Menschen zu erschließen ist. Lichtenberg sprach sich mehrfach gegen Lavaters Theorie aus, so in: *Timorus, Das ist, Verteidigung zweier Israeliten, die durch die Kräftigkeit der Lavaterischen Beweisgründe und der Göttingischen Mettwürste bewogen den wahren Glauben angenommen zu haben, von Conrad Photorin der Theologie und Belles Lettres Kandidaten.* Berlin 1773; *Über Physiognomik; wider die Physiognomen. Zu Beförderung der Menschenliebe und Menschenkenntnis.* 2. verm. Aufl. Göttingen 1778. Bürger selbst urteilte kritisch und abfällig über Lavaters Konzept der Physiognomik als Wissenschaft (an Boie, März 1778; Briefe II, S. 257 f.) **Brydones Reisen:** Patrick Brydone (ca. 1741–1818): *Tour through Sicily and Malta.* 1773. Dieses Reisebuch war verbreitet und auch in deutscher Übersetzung erschienen. Bürger kannte es möglicherweise, denn Johann Erich Biester erwähnt es in seinem Brief an B. vom 17. 9. 1777 (Briefe II, S. 138). **Leichnam:** Leib, Körper. **Kapitän Cook:** der Weltumsegler und Entdecker James Cook (1728–1779). **Botany-Bay:** Bucht an der Ostküste Australiens, 1770 von Cook entdeckt, seit 1788 englische Sträflingskolonie. **Oxhoft:** Weinmaß, etwa 200 Liter.

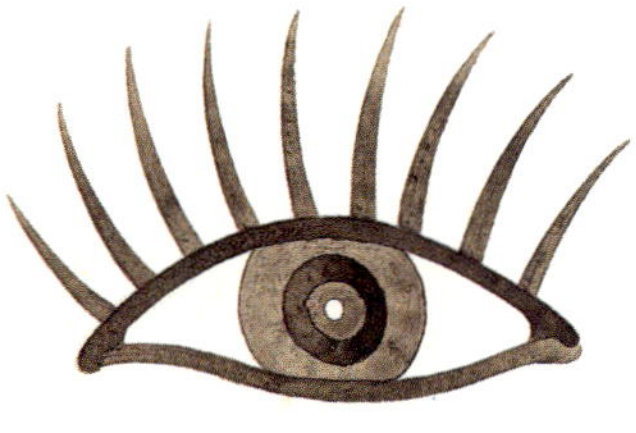

INHALT

Alle Rechte vorbehalten. © dieser Ausgabe Büchergilde Gutenberg, Frankfurt am Main und Wien 1994 **D**er Text einschließlich Nachbemerkung und Erläuterungen wurde der im Carl Hanser Verlag, München erschienenen Ausgabe **Gottfried August Bürger, Sämtliche Werke,** herausgegeben von Günter und Hiltrud Häntzschel, entnommen. **G**estaltung ANAKONDA ateliers, Uta Schneider und Ulrike Stoltz, Offenbach **L**ithographie Fischer Reprotechnik GmbH, Frankfurt am Main **S**chrift Le Cochin und fette Helvetica **S**atz Dörlemann-Satz GmbH, Lemförde **D**ruck Richard Wenzel, Goldbach auf geglättetes, holzfreies **O**ffsetpapier TCF von Schneidersöhne, Kelkheim **B**indung Realwerk G. Lachenmeier, Reutlingen **P**rinted in Germany 1994 **I**SBN 3 7632 4081 0

PQRST
AKCDE
MÜNCH
OPQRS
ZAKCD